AF389585

BIBLIOTHÈQUE ORIENTALE ELZÉVIRIENNE

LX

KIA-LI

Z
437 (60)

LE PUY. — IMPRIMERIE MARCHESSOU FILS

KIA-LI

LIVRE

DES RITES DOMESTIQUES CHINOIS

DE

TCHOU-HI

TRADUIT POUR LA PREMIÈRE FOIS, AVEC COMMENTAIRES

PAR

C. DE HARLEZ

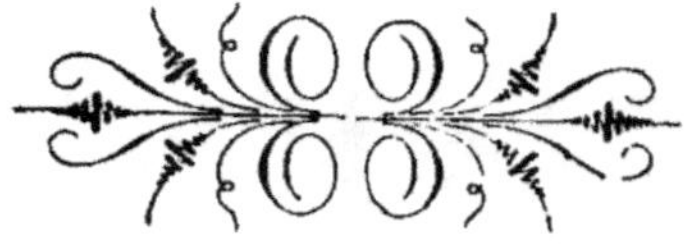

PARIS

ERNEST LEROUX, ÉDITEUR

28, RUE BONAPARTE, 28

—

1889

KIA-LI

—

LE Kiali *ou Manuel des* Rites domes-tiques *est un des ouvrages les plus* connus du célèbre philosophe Tchou-hi au-quel la « philosophie naturelle » des Chi-nois dut sa consécration définitive. Tchou-hi naquit en 1129 p. c. à Tai Tcheou, dont son père était gouverneur, et reçut de lui une première éducation très soignée. Orphelin jeune encore, il alla écouter les leçons des maîtres les plus fameux et remporta les plus brillants succès. Tout en cultivant la sagesse, il accepta des fonc-tions publiques pour avoir l'occasion d'y pratiquer les préceptes qu'il avait appris de ses maîtres et fut, en effet, on peut le *dire, le modèle des magistrats. Pour gérer convenablement les affaires, soigner les intérêts du peuple, réprimer les concussions et l'oppression, il n'épargnait ni peine, ni fatigue et l'on peut dire que dans son gouvernement les fonctionnaires prévaricateurs tremblaient, croyant le voir toujours présent* [1].

Cette circonstance même était faite pour lui attirer des ennemis. Ils profitèrent de ses enseignements philosophiques si éloignés de ceux de Kong-fou-tze et de Meng-tze pour le faire disgracier, bannir de la cour et priver de tout emploi.

Dans sa retraite, Tchou-hi continua ses travaux, commenta les King et composa entr'autres les deux ouvrages qui nous intéressent le plus pour le moment; la Siao-Hio ou « petit enseignement » [2] *opposé au Ta-Hio de Kong-tze et le Kia-li ou Rites de la maison, de la famille, dont*

---

1. Voir le *Tchou tze tsieh yao* P. I, ch. IX de ma traduction.

2. Voir ma traduction dans les Annales du Musée Guimet.

nous donnons ici une traduction commentée. Le mot chinois li que nous traduisons par « rites » a bien en réalité ce sens et originairement il ne devait pas en avoir d'autre [1]. Le caractère qui le représente figure, en effet, les offrandes du sacrifice réunies et complètes en même temps que l'idée d'annoncer les prescriptions religieuses. Mais sa compréhension s'est aggrandie de beaucoup et, dès les temps anciens, nous le voyons désigner toutes les règles non seulement des actes religieux et relatifs au culte, mais de toutes les actions de la vie publique ou privée. Les moindres choses dans la vie domestique comme dans l'exercice de l'autorité ont leurs rites. Ce n'est point que le mot li ait changé de sens c'est plutôt que les Chinois attribuent un caractère religieux à tous les actes humains et croient que les règles transmises par leurs aïeux ont une origine céleste. Aussi les Chinois ont-ils toujours attaché la

---

1. Legge le rend par *propriety* ; ce qui ne rend pas le caractère religieux, sacré de ces règles.

plus haute importance à la connaissance et à l'observation des rites. A leurs yeux c'est le fondement qui assure la stabilité à la famille, à l'État, à la Société. Y être fidèle c'est s'assurer contre toutes fautes; les négliger, même dans les règles de la simple convenance et de la civilité que nous qualifions de puérile, c'est s'exposer à de plus grands manquements, aux erreurs, aux chutes les plus funestes.

Cette idée semble primitive en Chine; les plus anciennes dynasties avaient leurs rites. Kong-fou-tze, comme le Li-ki, nous parle des rites des Hia et des Yin-Shang. On sait que le but principal des efforts et des enseignements du grand philosophe était de rétablir les rites oubliés ou violés dans les temps de désordre que les Rois-Fainéants de la dynastie Tcheou avaient laissé se former et qui réduisirent le pouvoir central comme à néant. Sans li, disait-il, il n'y a ni fermeté, ni stabilité; les vertus qui en sont dépourvues deviennent des vices (Lun Yu xx. 3, VIII 2.) Un souverain n'est obéi convenablement que s'il se mon-

tre attaché aux rites (*Id. XIV. 44*), Déjà le ministre du premier des Chang (1760 A. C.) avertissait son royal maître que la prospérité récompensait l'observation des rites et que le prince peu soucieux de les maintenir serait renversé du trône.

Les disciples de Kong-t\ze s'appliquèrent constamment à faire triompher les idées de leur maître. Jusqu'aujourd'hui le respect des rites est tenu pour la garantie de la protection céleste.

Tchou-hi tout en admettant et répandant avec \zêle des doctrines philosophiques que Kong-t\ze eût repoussées avec indignation, n'en fut pas moins le sectateur fervent des doctrines morales et formalistes du prince de la sagesse chinoise. Soucieux par-dessus tout de conformer ses actes aux règles léguées par l'antiquité, il tenait à en avoir constamment sous les yeux une formule simple et précise qui prévînt tout oubli, toute négligence.

L'empire des Fleurs avait trois recueils des rites : deux d'entre eux remontent à une époque très ancienne. Le pre-

mier, le Y-li, qui date de la dynastie
des Tcheou traitait des règles de conduite
des rois et magistrats. Le second, le
Tcheou-li, ou *rites de la dynastie des
Tcheou*, remonte à la période moyenne
de cette dynastie, et a pour objet spécial
les fonctionnaires et les actes des autorités publiques. Le troisième le Li-Ki ou
« mémorial des rites », rédigé, en dernier
lieu, peu avant notre ère, contient aussi
des matériaux très anciens et d'une très
grande étendue. Tout y est traité souvent
sous plusieurs formes, et avec des répéti-
tions multipliées. Aucun des trois ne
pouvait répondre au but que se proposait
Tchou-hi ; le premier par son étendue, les
deux autres et par le même motif et de
plus par leur matière totalement ou par-
tiellement étrangère aux vues du philosophe ne pouvaient aucunement lui servir.
Il rédigea donc un manuel abrégé qu'il
destinait à son usage personnel et ne pen-
sait nullement à livrer au public. Mais,
à ce que nous apprend un commentaire,
un de ses serviteurs ou employés instruit

de la valeur du manuscrit, le vola et le livra à un éditeur qui le répandit parmi les nombreux admirateurs du maître. Le petit livre reçut du public l'accueil le plus enthousiaste et passa de mains en mains, d'âge en âge, en des éditions diverses. Il fut l'objet de divers commentaires, et reçut enfin la consécration impériale par son insertion au Sing-li-ts'ing-y qui fut comme la Standard-Edition des manuels philosophiques autorisés, ordonnée par l'empereur.

C'est là que nous le retrouvons accompagné d'extraits nombreux de commentaires et de citations explicatives. Il avait déjà fait partie d'un recueil analogue beaucoup plus considérable le Sing-li-ta tchouen shou. *Nous le retrouvons encore développé et expliqué dans le* Sin-tseng-Kia-li *ou Kia-li développé, augmenté de nouveau, publié au commencement de ce siècle.*

Le Kia-li a donc toujours été en grande faveur parmi les lettrés chinois. Toutefois la partie laissée par Tchou-hi était plutôt une esquisse, un guide-mémoire qu'un traité; il ne contient que les grandes lignes. Les commentaires que l'on y a joints sont absolument nécessaires pour compléter et expliquer les trop brèves sentences de l'auteur du livre. Nous les unirons donc au texte, et pour les points qui resteraient encore obscurs ou incomplets, nous aurons recours au Li-Ki, au Sin tseng kia-li, à la Siao-Hio [1] et même au lointain Y-li.

Le Kia-li ne comprend point les règles de tous les actes de la vie privée, celles des repas, de la réception des hôtes entr'autres y manquent complètement. Tchou-hi ne s'est attaché qu'aux règles d'une application générale et d'un caractère plus ou moins religieux, aux grands faits de l'existence humaine. (Voir pour le reste ma traduction de la Siao-Hio).

Tout en cherchant à suppléer à ce défaut, nous nous bornerons, en cela comme

---

[1]. Autre ouvrage de Tchou-hi; manuel de morale de l'enseignement primaire et moyen.

en tout le reste, aux explications stricte-
ment nécessaires. Les limites de cette pu-
blication ne nous permettent pas d'aller
au delà.

CHAPITRE I

DES RITES EN GÉNÉRAL

Tout rite a ses racines et ses développements [1]. Le nom de ceux dont nous nous occupons ici, vient de ce qu'ils se pratiquent dans la famille, à la maison.

[1]. Comp. *Sin-ts'eng Kia-li*, I, f° 1 à 9. *Li-ki*, XXIV, *init.*, xxv, id., VIII. *Siao-Hio*, I, 41 : III, 10, 16. Y-li, I, 1. *init.* Les racines des rites sont les principes moraux, les devoirs, respect pour les supérieurs, amour des parents, vénération des ancêtres ; dévouement aux intérêts du ciel et de la terre, au prince, soumission aux chefs, aux maîtres. Les branches sont les différentes cérémonies prescrites pour les diverses actions de la vie. Les rites ont leur principe, leur achèvement dans la convenance des actes, leur fin dans l'amour de la vertu, de la bonté, de la sagesse. Celui-là seul qui connait et observe les rites sait se distinguer des animaux. (Sin-ts'eng K.-l. initio.)

La distinction des noms bien obser-
vée [1], l'amour et le respect véritable en
sont la racine. La prise du bonnet, le
deuil, le sacrifice, dans leurs cérémonies, leurs sens et leurs règles divers en
sont les branches, les développements.

Leur racine est l'essence, le principe
perpétuel des actes journaliers de la maison. Jamais il ne peut se passer un jour
sans qu'on les observe. Leurs développements, leur ensemble complet consti-
tuent le principe et la fin de la voie ra-
tionnelle de l'homme.

Bien qu'il y ait un temps fixé pour les
mettre en pratique, un lieu pour s'y conformer, si on ne les expose pas d'une
manière claire et simple, si on ne s'y
exerce pas et n'en mûrit pas la pratique,
quand on sera chargé de quelque affaire
on ne pourra les suivre convenablement

---

1. Observer la distinction des noms, des titres,
c'est pour le philosophe chinois observer la distinction des rapports que ces noms indiquent;
parents et enfants, prince et sujet, supérieur et
inférieur, gens âgés et jeunes gens, etc. V. *Ibid.*

ni conserver la juste mesure [1]. Il ne peut se passer un jour sans qu'on en disserte et les mette en pratique.

C'est au temps des trois dynasties [2] que les livres des rites ont été composés. Ceux qui ont été conservés jusqu'à notre temps sont, au palais comme à la chaumière, la règle des meubles et des habits, la loi de tout homme, qu'il soit à la maison ou au dehors, agissant ou en repos. Tous les rites ne conviennent pas au siècle [3]. Les sages de ce temps, bien qu'ils reconnaissent la différence existant entre le passé et le présent, les changements survenus, établissent les lois pro-

1. L'observation des rites prévient les manquements comme aussi les excès. Le respect, la déférence, l'affection peuvent être parfois excessifs et dépasser la juste mesure; on ne peut traiter un frère aîné comme un père, un hôte ordinaire comme un hôte distingué, etc. V. *ibid*.

2. Les trois premières dynasties Hia, Yin et Tcheou. Kongtze (Lun-yu, II, 23) parle de leurs rites particuliers comme de choses connues de son temps. « On peut facilement savoir, dit-il, ce que l'une a changé aux rites de la précédente. » Le Y-li ne pourrait se rattacher au Yin, comme nous le montrerons ailleurs.

3. Les rites changent avec les mœurs et les circonstances.

pres à un seul âge. Ainsi soit dans leurs détails soit dans leur ensemble, ils n'en retranchent, ils n'en négligent rien.

Ceux qui laissant de côté le fondement, la racine d's rites, ont porté toute leur attention sr~ leurs rameaux, ont négligé le vrai pour s'appliquer avec ardeur au beau [1]!

Les lettrés dans ces dispositions se sont plus aux rites mais n'ont pu en relever l'essentiel. Aussi lorsqu'ils se sont trouvés dans la peine, la pauvreté, une condition inférieure, ils se sont d'autant plus affligés et jusqu'à leur fin ils n'ont pu parvenir de la sorte à revenir à leur observation [2].

L'ignorance dans le zèle est un double mal [3]. C'est pourquoi, pauvre homme que je suis, j'ai scruté avec soin les livres

1. Ils perdent de vue les principes et devoirs qui doivent inspirer et régler les cérémonies et manières d'agir, pour s'occuper exclusivement de donner à celles-ci de l'éclat et de l'élégance.

2. N'ayant en vue que le décorum extérieur et non l'observation des devoirs, l'exercice des vertus, une fois privés de cet éclat visible, ils n'avaient plus rien pour se maintenir dans la voie du devoir et le support vertueux de leurs maux.

3. Le zèle ignorant multiplie les actes fautifs.

du passé comme ceux du présent, j'ai pris ces grands principes immuables et retranchant, ajoutant, selon le besoin, j'en ai fait le livre de la famille.

En principe, on doit considérer l'exactitude dans la distinction des noms et titres, l'estime de l'affection et du respect comme la base des rites; mais, au moment de les mettre en pratique il faut faire moins attention au superficiel, à la beauté, qu'à l'essentiel et au vrai. Suivant en cela l'exemple de Kong-tze, on doit rester fidèle aux maximes laissées par ses prédécesseurs et, s'unissant aux hommes instruits de mêmes principes, étudier avec maturité, et pratiquer avez zèle.

Ainsi les principes des anciens relatifs au gouvernement de soi-même et de sa maison, le sentiment qui porte à honorer les morts et à aller vers eux, dans leur éloignement comme si on pouvait les voir [1], étant en honneur dans l'état et la

---

1. Litt. aller aux éloignés comme les voyant. On fait cela en pensant aux parents défunts, en les honorant, en allant leur annoncer au temple,

famille comme aussi les maximes propres [1] à améliorer et diriger le peuple, il
y aura peu de vices à corriger.

COMMENTAIRE. Yang-fou dit : Le maître, pendant le deuil de sa mère, ayant
considéré entièrement le présent et le
passé, embrassant du regard, tous les
changements, a exposé complètement les
rites du deuil, de l'enterrement et du
sacrifice et s'est étendu jusqu'à la prise
du bonnet et du mariage. Il a fait du tout
un seul ouvrage qu'il a appelé le *Kia-li*
ou rites domestiques. Son livre à peine
paru a été répandu dans le monde.

Le livre des rites domestiques de
Tchou-hi est devenu la règle des devoirs
de la famille.

2. On doit observer les rites partout et
en tout [2].

---

devant leurs tablettes, les événements de la famille. Là on les appelle, ils descendent, on leur
fait des dons et des demandes.

1. Ou : la volonté d'améliorer.

2. Litt. (Il faut) faire pénétrer les rites. — Le
Sin-ts'eng K.-l. explique ainsi « la distinction
des noms » : que veulent dire prince et sujet,
ministre ? Le prince est souverain maître ;

COMMENTAIRE. Ce que veut dire cette section, c'est que les rites sont l'essence perpétuelle des actes de chaque jour à la maison, dans la famille et qu'il n'est point de jour où l'on ne doive les observer.

comme tel il abaisse son cœur (vers ses sujets) et lui rend sa pureté originaire. Le ministre est ferme et constant, il est intègre, fidèle et ferme. — Que veulent dire père et fils? Le père est modèle d'équité, il instruit son fils selon la vérité et les bonnes règles. Le fils est formé avec amour, ainsi il se perfectionne sans jamais cesser, etc., etc.

Le Y-li ne peut servir que très accessoirement, vu qu'il n'est fait que pour les magistrats. Le commentaire de l'édition du *Kiu-King pu tchu* dit même expressément : « Les *li* ne descendent pas jusqu'aux hommes ordinaires » *li puh hià shü jin*, tout *li* quel qu'il soit commence aux Shis : *fen li* to tsé shé tchi, I, f° 2, v°. Aussi toutes les sections commencent par les rites propres aux Shis et continuent par ceux des Tafou, des chefs féodaux, etc.

CHAPITRE II

TEMPLE DU SACRIFICE AUX ANCÊTRES

COMMENTAIRE. La base commune de toutes les parties de ce chapitre est dans les rites du sacrifice. Son but est de témoigner sa reconnaissance à ses progéniteurs, de rappeler au souvenir les créateurs de la famille avec amour et respect, de faire vénérer ses aïeux, respecter ses parents, conserver avec un soin diligent les différents noms et titres des membres de la famille, de révéler à chacun ses devoirs, de perpétuer ainsi les fondements de l'organisation du monde [1].

1. Cp. *Sin-ts'eng Kia-li*, VIII, 3. *Li-ki.* III. 3; xx; *Siao-Hio* p. 200. Ce paragraphe a cela d'important qu'il nous explique les motifs et la fin du culte des ancêtres, ou du moins ce qu'en pensaient

4. L'homme supérieur [1] qui se construit une demeure commence par y bâtir un Temple d'Ancêtres dans le quartier à l'est de l'appartement intérieur de la famille [2] et y fait quatre chapelles pour y mettre en honneur les représentations des esprits des ancêtres [3].

les Chinois du moyen âge : perpétuer l'esprit de famille, l'amour et le respect filial, établir solidement la société sur le fondement d'une famille solidement établie. C'est là ce qu'ils y voyaient d'essentiel. Primitivement le culte ancestral avait surtout pour but d'assurer aux défunts une existence heureuse dans l'autre monde.

Tchou-hi a placé ce chapitre au commencement de son livre parce qu'il voulait représenter le temple des ancêtres comme le centre de la famille et leur culte comme la base de tous les devoirs, le gage de la prospérité des descendants.

1. Litt. Le fils de prince, *Kiun tze*. C'est l'homme grand, élevé et sage.

2. Le *tchen ts'in* ou appartement qui se trouve au midi, derrière la grande salle de réception construite près de l'entrée de la maison. Ce temple doit être dans le quartier intérieur éloigné de l'entrée.

3. Les tablettes carrées, en bois, représentant les parents défunts, ou portant leurs noms et titres ; ce sont les sièges où l'esprit vient se poser pendant les cérémonies. Elles remplacent le représentant vivant. Les *chapelles* sont le plus souvent de simples niches. D'après le Li-ki (Ch. *Tchi fa*), le souverain a 7 temples pour son père et ses six ascendants immédiats, du même nom ; les grands fonctionnaires en ont 5,

Commentaire. Tcheng-tze dit : En construisant une maison, on réunit les cœurs des hommes d'ici-bas, on réunit une famille, on fait fleurir les bonnes coutumes ; on est cause que les hommes n'oublient point leur origine (ceux dont ils descendent). On fait ainsi reconnaître et on met en lumière toute la filiation, la descendance d'une famille, établit l'union en son sein, et affermit les lois qui règlent les rapports entre les aïeux et leurs descendants. Si ces lois dépérissent, alors les hommes ne savent plus de qui ils sont issus, ils se dispersent et répandent dans les quatre parties du

3, 2 ou 1, selon leur rang ; les fonctionnaires inférieurs et le peuple n'en ont point. Et les commentaires ajoutent qu'ils peuvent offrir à leurs ascendants dans leurs appartements privés *ts'in*. Cp. *Sin-ts'eng Kia-li*, VIII, 10. Le temple ou la salle des ancêtres reçoit les tablettes des 7, 5 ou 3 derniers ascendants, selon le rang du chef de maison. Elles sont posées sur des piédestaux. Tchouhi parle des niches où les tablettes, tenues enfermées, sont posées droites pour être mises en évidence pendant les cérémonies. Celles que l'on doit ôter quand la mort vient augmenter le nombre des défunts à honorer, se mettent dans un réceptacle fait exprès du côté de l'ouest. Du reste, ces usages ont différé selon les siècles.

monde, et avant que les liens réels de la parenté soient brisés, ils ne se connaissent plus l'un l'autre.

S'il n'y a pas de loi de primogéniture [1], la cour est sans fonctionnaire héréditaire ; si l'on observe cette loi, alors les hommes savent honorer leurs ancêtres et respecter ceux dont ils sont issus et le pouvoir souverain est naturellement respecté.

Tchou-tze dit : Quand on veut élever un temple domestique, on construit d'abord une salle à cinq rangs d'étagères ou crédences ; sur la crédence de derrière on élève une grande niche [2] ; puis séparées par les planches on en pose quatre autres. Dans le temple, on pose les tablettes ancestrales. En dehors de la salle on laisse pendre un rideau.

Au petit sacrifice [3], on peut tout faire

---

1. L'aîné chef de la famille possède seul le temple, préside aux cérémonies, etc. Les droits de l'aîné maintiennent l'unité de la famille et le respect de l'autorité paternelle.
2. Pour y placer les tablettes.
3. De l'automne et du printemps, à la déca-

en cet endroit. Au grand sacrifice, on porte les tablettes hors de leur niche et l'on fait les cérémonies soit dans le temple, soit dans la grande salle de la maison.

5. Les autres parents collateraux qui n'ont point de descendance y sont admis et placés selon leur degré.

COMMENTAIRE. Les enfants morts pour lesquels on ne porte pas le deuil [1], n'ont pas non plus de sacrifice. Pour ceux qui meurent à l'âge mi-viril, les pères et mères seuls sacrifient, pour ceux qui meurent au temps de la grande impuberté [2] ce sont les fils de leurs frères, seuls, qui le font.

S'il s'agit d'hommes faits qui ne laissent point de descendants, ce devoir s'étend jusqu'aux petits-fils de leurs frères

dence et à la renaissance de la nature. Ces deux sacrifices se distinguaient aussi par la nature et la quantité des victimes, les cérémonies plus ou moins longues, les ustensiles.

1. Ce sont ceux qui meurent avant l'âge de huit ans.

2. On distingue 3 degrés d'impuberté : la grande, de 16 à 19 ans; la moyenne de 12 à 15 et la petite de 1 à 8 ans.

et s'arrête-là. Tout cela doit se faire ainsi selon la règle.

6. Quand on doit sacrifier, on prépare l'endroit propre, on se procure tous les vases et ustensiles nécessaires [1]. Le chef du deuil va le matin se placer à la grande porte de la maison pour annoncer la cérémonie à tout ceux qui la passent.

Le premier jour de la nouvelle et de la pleine lune on fait les cérémonies prescrites. Au temps prescrit on offre les fruits de la saison.

COMMENTAIRE. Les jours prescrits sont le 3 du premier mois le 5 du 5e mois, le 15 du 7e mois, le 9 du neuvième etc. C'est alors que les hommes, en général, doivent rendre ces honneurs sacrificiels.

Les jours fixés à présent ne l'étaient

[1] Quiconque a le moyen doit avoir des vases, tasses, plats etc. spéciaux pour le sacrifice. Les gens peu aisés peuvent se contenter de bien laver et purifier, la veille, ceux qui servent aux usages de la maison (voir *Sin-Ts'eng k. c.* VIII 1. et *Siao-Hio.* p. 72. Quand les vêtements et vases sacrificiels sont usés, ils doivent être brûlés (LI-KI ch. KIU-LI I, 5, 4. Il faut des marmites, plats, bassins, vases, tasses, verres et cuillers.

point autrefois. Mais les anciens, bien que ne sacrifiant point alors, avaient le cœur en paix. Les gens de nos jours font grand état de ces règles. Arrivés à ces jours on prépare des mets recherchés; on fait des banquets et réjouissances. Pour les objets de la saison chacun à sa convenance.

Dans ces sentiments, il est impossible qu'en ces jours on n'oublie pas ses parents. Faisant ainsi leurs offrandes d'une manière contraire aux rites, ils ne peuvent se défaire de ces mauvaises dispositions. Les anciens,, n'osaient pas faire des réjouissances sans sacrifier [1]. Maintenant en ces jours fixés on abandonne les sacrifices; les vivants s'adonnent aux festins, aux plaisirs et ils n'ont plus la pensée de servir les morts comme on sert les vivants, ceux qui sont partis comme les parents présents.

7. S'il survient quelque affaire, on l'an-

---

1. Au commencement d'un repas même, on doit sacrifier, c'est-à-dire présenter les mets aux esprits, aux ancêtres. *Siao-Hio* p. 83.

nonce à ses ancêtres dans le temple ou la salle [1].

En s'adressant au trisaïeul ou à la trisaïeule, on dit : Moi, arrière arrière-petit-fils pieux. — En s'adressant au bisaïeul ou à la bisaïeule, on dit : Moi, arrière-petit-fils pieux. En s'adressant à un aïeul ou à une aïeule on dit : Moi petit-fils pieux. A père et mère, on dit : Moi, fils pieux. Si le défunt auquel on s'adresse avait une charge, un fief [2], un titre posthume on les rappelle (en leur parlant). S'il n'en avait point, on ne cite

1. Dans la salle, si l'on a point de temple. Les pauvres pendent les tablettes dans le vestibule de la maison. C'est là qu'ils vont faire les annonces. Les Chinois ont toujours cru que les esprits des ancêtres défunts s'intéressaient au sort de leurs descendants restés sur la terre et pouvaient encore les aider et seconder. De là cette pratique qui avait aussi pour but de maintenir les sentiments de piété filiale. Déjà au *Shuh-King*, nous voyons Teheou Kong avertir ses ancêtres de la maladie du roi son frère et implorer leur secours (L. IV, ch. v), et précédemment *Y-Yin* présentait le roi Tching-tang à ses aïeux (L. III, ch iv).

2. Ou un titre, un de ces titres honorifiques consistant en qualifications élogieuses et accordé par le souverain. Cela équivaut à nos décorations. Tout cela est également marqué sur les tablettes.

que son degré en l'appelant. En se nommant soi-même si l'on n'est pas fils aîné, on ne se dit pas « pieux ». Toutes les prières annonçant les événements sont inscrites dans un même volume pour quatre générations. En se nommant soi-même on met en tête les titres les plus honorable. On annonce ces choses aux ancêtres principaux et non aux derniers morts.

On met ensuite en offrande du thé et du vin.

8. Si ce que l'on annonce est un incendie, une inondation, un vol on commence par purifier le lieu du culte ; on écarte les tablettes des esprits et les testaments des défunts. Puis on apporte les vases et ustensiles du sacrifice et présente des objets précieux de la maison [1].

A chaque nouvelle génération on efface les inscriptions des tablettes et l'on en fait d'autres [2].

---

1. Soie, or, argent, monnaies, etc.
2. Le nombre des tablettes étant fixé, lorsqu'un nouvel ascendant vient prendre place au temple, le plus ancien doit aller rejoindre des aïeux dans l'armoire. Toutefois le fondateur de

COMMENTAIRE. Cela se fait, comme il est dit au chapitre du *Ta-Siang* [1].

la famille reste toujours. D'après le *Sin ts'eng k. l.* L. VIII ces tablettes sont ainsi posées sur la table servant d'autel.

Mère. — Aïeule. — Bisaïeule. — Trisaïeule. — Aïeul originaire. — Trisaïeul. — Bisaïeul. — Aïeul. — Père.

CHAPITRE III (*).

RÈGLES DE LA VIE DOMESTIQUE

Coutumes domestiques diverses de la famille SSE MA.

Tout chef de maison doit observer scrupuleusement les rites; et lorsqu'il distribue les charges ou donne des affaires à gérer, soit à ses fils, soit aux gens de la maison, il doit tenir exactement compte de leurs mérites et capacités.

(*) Ce chapitre se trouvait primitivement après celui du mariage. Comme il expose les règles des devoirs, des affaires journalières de l'intérieur, de la famille; les principes des devoirs de justice et d'affection y trouvent leur fondement. Si l'on sait les mettre en pratique, on saura comprendre la mesure et le nombre des coutumes-modèles. Autrement si même on fait tout ce qui est bon et convenable mais qu'on n'en saisisse pas la base véritable, les sages ne l'estimeront pas. C'est pour parer à cet inconvénient qu'on a placé ce chapitre au commencement du livre: les sages comprendront certainement le motif.

Fixant la mesure des dépenses et dépensant selon les revenus, tenant compte de ce que la famille possède ou n'a point, il donne aux grands comme aux petits, les habillements et la nourriture. Il détermine, en outre, la quantité réservée pour les frais occasionnés par un mariage ou un décès [1]. Réglant tout avec impartialité et appliquant partout la même mesure, il arrête les dépenses inutiles, réprime le luxe exagéré et préparant un superflu plus ou moins grand, il le réserve pour les cas imprévus [2].

Nul homme de condition inférieure ou trop jeune ne peut être mis à la tête des affaires [3] et les régir en maître; mais il

1. Tout ce chapitre est extrait du livre des instructions domestiques de *Sse Ma Kouang* le grand historien chinois. 1009-1086, cp. *Liki* L. I et V. Siao-Hio II *in*.

2. Litt. les affaires de joie ou de douleur.

3. Un fils du vivant de son père, un frère cadet vivant avec son aîné, ne peuvent être chargés d'aucune affaire de manière à la régir çomplètement à leur gré. Il en est de même des filles et des sœurs et belles-sœurs cadettes. (Cp. Siao-Hio II 31. et ss. p. 60 ss. Les femmes ne sont jamais indépendantes,

doit consulter le chef de la famille (avant d'agir).

De même nul enfant, aucune belle-fille ne peut se faire un pécule particulier mais tout ce qu'ils gagnent : traitement, solde, produit des champs, paiement du travail, doit être remis aux parents ou aux beaux-parents [1].

S'ils doivent dépenser quelque chose, ils en demanderont l'autorisation et ne se permettront point de recevoir quoique ce soit, ou de donner en prêt, de leur chef.

Tous les enfants ou les belle-filles qui servent [2] leurs parents ou beaux-parents, doivent se lever dès que le jour paraît, puis se laver, se peigner, faire leur tresse,

---

1. S'il s'agit de belles-filles. Une bru ne peut rien accepter que pour ses beaux-parents. Si ceux-ci la font accepter, elle réserve les dons pour le cas où ses beaux-parents en auraient besoin. Elle ne peut rien donner à ses propres parents sans l'autorisation de ceux de son mari, etc (*Siao-Hio* p. 61).

2. Les enfants et beaux enfants qui demeurent avec leurs parents ou beaux-parents sont censés être au service de ceux-ci. Leurs devoirs quotidiens envers ces parents sont fixés d'une manière précise.

s'habiller, mettre le bonnet et la ceinture.

Dès que la lumière du jour brille, ils se rendent auprès de leurs parents pour s'informer de l'état de leur santé [1].

Dès que ceux-ci sont levés, les fils préparent les remèdes: les filles et belles-filles, le déjeuner. Quand elles l'ont préparé et servi, elles se retirent pour vaquer chacune à ses affaires.

Quand le temps du dîner approche, les belles-filles vont demander aux parents quels mets ils désirent; puis se retirent, vont les préparer et les servent.

Après que les parents ont achevé de dîner [2], enfants et belles-filles vont le

1. Ils doivent comprimer leur haleine et parler à voix basse; ils doivent les soigner s'ils ont quelque indisposition, quelque besoin; les gratter s'ils ont des démangeaisons (S, H. II, 6. Li-ki I). Ils leur présentent le bassin et l'essuie-main quand ils se sont lavés, ils leur demandent ce qu'ils désirent manger. Ils présentent le coussin, la natte quand les parents veulent s'asseoir et disposent leurs lits selon qu'ils le désirent. Ce sont les serviteurs qui lavent, habillent et nettoient, posent le lit et le replient (Siao-Hio II, 7-11, Li-ki I).

2. Litt. ont employé les bâtonnets qui ser-

faire à leur tour. Le repas est servi séparément aux hommes et aux femmes, en des lieux différents. Là assis d'après le rang et l'âge, ils mangent et boivent par portions égales, les uns comme les autres.

Les petits-enfants sont servis en un autre endroit; ils sont placés par terre sur des nattes, selon l'âge; garçons et filles sont dans le même lieu; les premiers à gauche [1], les secondes à droite. .

Au souper on suit les mêmes règles.

Lorsque la nuit est venue et que les parents sont prêts à aller dormir, les enfants viennent les mettre au lit [2] et se retirent.

Si ces derniers n'ont ni fonctions ni affaires à gérer et que les parents les tiennent près d'eux, ils doivent garder une

vent de cueillers et fourchettes. La viande étant servie en petits morçeaux n'a pas besoin d'être découpée.

1. La gauche, étant le côté d'honneur, appartient aux garçons. En marchant la femme est à droite.

2. Ils viennent voir si tout est en ordre et arrangé selon le goût des parents, changent ce qu'ils désirent et leur souhaitent une bonne nuit.

mine, une attitude respectueuse et grave. S'ils sont chargés d'une chose quelconque ils doivent par respect, lorsqu'ils parlent ou répondent, retenir leur souffle et parler à voix basse.

Entrant ou sortant, assis ou levés, ils doivent se maintenir dans le respect et bien se garder de cracher, se moucher, ou crier, près de leurs parents.

Si ceux-ci ne leur disent pas de s'asseoir ou de se retirer, ils ne peuvent faire ni l'un ni l'autre.

11. Tout enfant qui reçoit un ordre de ses parents, se le grave en la mémoire et le met à son côté [1]. Y pensant constamment, il l'exécute avec empressement.

L'affaire achevée, il vient en rendre compte : si la chose ne peut se faire, il vient, avec douceur et d'un air affectueux, exposer les raisons pour et contre.

1. Les Chinois portent différents objets pendus ou attachés au côté, les hommes ont le couteau, le mouchoir, la bourse, les filles ont les instruments de travail, aiguilles, etc. Tous ont une sorte de tablette sur laquelle ils inscrivent ce qu'ils doivent savoir, faire et ne point oublier.

Si ses parents se rendent à ses raisons il change les choses en conséquences. S'ils persistent et que la chose soit sans grand inconvénient ils devront exécuter l'ordre donné premièrement. Si considérant l'ordre de leur parent comme mauvais où inexécutable, ils agissent selon leur propre pensée, quand bien même ils devraient passer pour désobéissant on doit dire qu'ils ne doivent pas céder. (Ne faut-il pas qu'ils cèdent?).

12. Si leur père et mère ont quelque défaut, ils doivent les avertir d'un air riant, d'une voix douce et faible. Si les parents ne les écoutent pas, ils doivent avant tout préserver leurs sentiments de respect et d'affection.

S'ils reçoivent l'avertissement avec plaisir, ils le renouvellent ; s'ils en sont fâchés, craignant alors qu'ils ne s'attirent le blâme de leurs concitoyens, ils préfèrent insister sur leurs avertissements [1].

---

1. Si après les avoir avertis trois fois, ils n'écoutent point: il doit les suivre en pleurant et criant (Liki, I).

Si les parents se fâchent, s'ils les frappent même à sang, ils ne peuvent ni se fâcher ni se plaindre, mais ils doivent les respecter et les aimer encore davantage.

Les fils et frères cadets ne doivent jamais étaler chez leur père ou leur frère ou dans leur endroit, une richesse une grandeur qui dépasse la leur.

Tout fils qui sort de la maison doit en avertir ses parents ; quand il revient, il doit se montrer à eux. S'il est leur hôte, il ne peut se loger dans l'appartement du midi [1].

S'il monte ou descend il ne peut prendre le côté de l'est de l'escalier ; s'il monte ou descend de cheval il ne se permet point de le faire dans la cour de la maison. En quoi que ce soit il ne peut chercher à égaler ses parents.

13. Si ses parents ou beaux-parents sont malades le fils et la belle-fille ne peuvent

---

1. Le quartier Sud-Ouest disent le Liki et la Siao-Hio ce qui est plus exact. La porte étant au sud vers l'ouest ; le Sud-Ouest était le fond de la maison, le quartier le plus reculé, tranquille et mystérieux.

les quitter sans raison ; ils doivent eux-mêmes préparer les drogues, les goûter d'abord puis les leur servir.

Pendant la maladie de leurs parents, les enfants ne doivent plus avoir l'air joyeux, ils ne peuvent ni plaisanter ni rire, ni donner des banquets ou se divertir. Abandonnant toute autre affaire, ils vont chercher le médecin et ne s'occupent plus que de veiller aux prescriptions et de préparer les médecines.

Quant la maladie est passée ils reprennent leurs habitudes antérieures.

14. Tout enfant qui sert ses parents doit aimer ce qu'ils aiment, respecter ce qu'ils respectent. Les chiens et les chevaux le font bien. A plus forte raison les hommes doivent-ils agir ainsi.

Ces enfants doivent en outre chercher à réjouir le cœur de leurs parents, ne point les contrarier en leurs volontés ; leur présenter à la vue, à l'ouïe, des choses agréables, leur assurer le repos d'un bon sommeil et d'une vie tranquille ; les nourrir et entretenir d'un cœur sincère. Les petits

envers les grands, les gens de rang inférieur envers leur supérieur, doivent agir
de la même manière.

15. Tout fils et toute belle-fille sans
respect, sans amour filial, ne doivent
point être haïs pour cela. Que les parents
leur fassent des remontrances ; si celles-ci
ne réussissent point, qu'on leur fasse de
vifs reproches ; si on les fait inutilement,
qu'on use alors de la correction corpo-
relle ; si après avoir répété plusieurs fois
ces corrections on n'aboutit à rien, qu'on
bannisse le fils indocile de la maison et
qu'on renvoie la belle-fille. Mais qu'on ne
parle pas de leur mauvaise conduite, qu'on
ne la rende pas publique.

16. Dans la distribution du travail de
la maison, des appartements, on doit sé-
parer les quartiers du dedans et du dehors [1] et conséquemment faire les murs
épais et les portes solides ; les deux parties de la maison ne peuvent avoir ni

---

1. Les quartiers des hommes et des femmes
qui doivent être bien distincts et séparés par un
mur solide afin d'empêcher les communications.

un même puits, ni une même salle de
bain ni un même lieu-commun. Les hommes dirigent tout dans le quartier extérieur ; les femmes, dans le quartier intérieur.

Les hommes ne peuvent manquer au
moment voulu, de se trouver à la maison,
(ne peuvent être en leur quartier particulier), s'ils n'ont une raison suffisante de
sortir.

Les femmes ne peuvent point, sans motif, regarder à la porte intérieure (dans
le quartier extérieur).

S'ils doivent circuler la nuit, les hommes doivent porter une lanterne.

Si elles ont un motif de sortir de la
porte intérieure, les femmes se voilent le
visage. Les serviteurs ne peuvent sans
motif grave, sans ouvrage à y faire, pénétrer dans le quartier intérieur. S'ils en
passent la porte, les femmes doivent se
tenir écartées ; si elles ne peuvent le faire,
elles doivent se couvrir le visage de leur
manche. Il est également interdit aux servantes de passer la porte intérieure sans

raison. En cas de besoin, elles ne peuvent le faire sans se voiler le visage. Le portier qui doit être un vieux domestique [1], reçoit et communique seul les messages de l'extérieur à l'intérieur et le contraire, ou fait passer les objets nécessaires d'un côté à l'autre en ayant soin d'abord de l'annoncer. Mais il ne peut sans permission entrer dans le quartier intérieur, ni aller à la cuisine.

17. Toute personne plus jeune doit aller le matin demander des nouvelles des plus âgées et le soir leur souhaiter un bon repos. Assise, elle doit se lever si une personne plus âgée vient à passer. Si la première rencontre la seconde en chemin elle doit descendre de cheval. S'il y a plus de deux jours qu'elle ne l'ait vu, elle doit se prosterner deux fois.

18. Tout homme qui reçoit les salutations profondes d'un gendre, d'un fils d'une sœur, doit se tenir debout et l'aider. Si s'est le petit-fils d'une sœur, il se tient

1. Ce doit être un eunuque. (V. Siao-Hio, p. 9).

debout pour recevoir et prendre quelque chose qu'on lui donne.

19. A chaque temps déterminé, même à chaque repas de la famille, si on présente la coupe de longue vie [1] aux anciens de la maison, les petits et les plus jeunes les servent, revêtus de leurs plus beaux habits, selon les rites du 15 du mois ou de la pleine lune.

20. Lorsqu'il naît un fils, on lui cherche une nourrice d'une famille honnête, douce et respectueuse [2]. Lorsque l'enfant commence à manger seul on lui apprend à se servir de la main droite. Lorsqu'il commence à parler on lui apprend [3] à se nommer lui-même, puis à saluer, à demander des nouvelles de la santé, à souhaiter le bonsoir. Ses facultés progressant, on lui enseigne à respecter les per-

1. Les présents de l'anniversaire de la naissance avec les vœux de longévité.
2. Le plus possible parmi les femmes secondaires (Siao-Hio, I, 6).
3. A répondre « oui » par des mots différents, plus décidés ou modestes selon que c'est un garçon ou une fille (S. H. p.30). On met au premier une ceinture de cuir, à la jeune fille une de soie.

sonnes plus âgées et supérieures ; s'il ne sait point les distinguer, on insiste, on le gronde et le corrige.

A 6 ans on lui apprend les noms des nombres et des quatre directions.

Aux garçons les premiers principes de l'écriture ; aux filles, dès lors, on montre les petits ouvrages de femme.

A 7 ans on sépare les garçons et les filles, ils ne prennent plus leurs repas ensemble, ils ne s'asseient plus sur la même natte. On leur fait alors lire le *Hiao-King* et le *Lun-Yu* [1]. Les filles elles-mêmes doivent les étudier.

Les enfants avant l'âge de 7 ans sont appelés ju-tze (enfants au sein). Ils se couchent tôt et se lèvent tard ; il n'y a pas de moment fixé pour leur repas. A dater de huit ans on doit leur apprendre à céder le pas aux gens âgés et supérieurs, soit en entrant, soit en sortant, soit en s'asseiant, en mangeant et buvant, à se tenir toujours modestes et respectueux.

1. Livre de la piété filiale. Entretiens de Kong-fou-tze avec ses disciples, relatés par eux.

Aux garçons ont fait lire le Shuh-King ; aux filles on défend de passer la porte intérieure.

A neuf ans les garçons lisent le *Tchun-tshiou* et les livres historiques. On les leur explique et en éclaircit le sens. Aux jeunes filles on fait lire le Lun-Yu, le Hiao-king, le Lie-niu-tchuen [1], le Niu-kie et autres livres semblables et on leur en explique le sens général.

A dix ans les garçons vont au dehors chercher les leçons d'un maître ; ils y restent, y couchent, et lisent complètement toute espèce de livres, mais le maître choisit les parties essentielles et obscures pour les leur faire étudier.

En leur parlant des doctrines hétérodoxes, des livres qui ne proviennent point des saints et des sages [2], le maître en

1. Mémorial des femmes distinguées ; ouvrages en deux in-8°, rapportant des traits de vertu d'un grand nombre d'épouses et de jeunes filles depuis les temps anciens. Le tout très brièvement. Le texte est ordinairement accompagné d'images.

2. Les saints sont parfaits par nature, les sages le deviennent par l'exercice. Il n'y a guère eu

corrige les erreurs. Qu'il évite toutefois de les leur faire lire inutilement et ainsi de troubler et égarer leurs esprits.

Aux jeunes filles on enseigne la douceur, la dolicité, l'obéissance et les plus importants des travaux des femmes.

21. Les serviteurs mâles ou femelles, dès le premier chant du coq, se lèvent, se peignent, font leurs tresses, se lavent et s'habillent. Les hommes nettoient le quartier extérieur et la cour, le jardin. Le vieux portier nettoie la cour intérieure. Les servantes en font autant dans le quartier intérieur et mettent en ordre les chaises et les tables, préparent les peignes et les lavabos. Quand le maître et la maîtresse sont levés, ils mettent le lit de côté, ainsi que les nattes, couvertures, matelas, etc. Puis se mettent debout à leurs côtés pour les servir.

Elles vont ensuite préparer les aliments

de saints que dans les temps antiques. Le *Niu-Kie* ou leçons pour les femmes, est un recueil de sentences, de passages des livres canoniques fait pour l'éducation des filles.

et boissons. Quand elles ont le temps, elles font la lessive et cousent, les choses de leurs maîtres d'abord et les leurs après.

Quand l'obscurité commence, ils refont le lit et étendent les matelas, nattes et couvertures.

Pendant tout le jour les serviteurs et servantes ne font qu'exécuter les ordres du maître, soignent attentivement toute chose, chacun la sienne, et s'appliquent à tout service.

A ceux d'entre les serviteurs qui se montrent fidèles et dignes de confiance, on doit donner une rétribution un peu plus forte. Ceux qui se montrent habiles à gérer les affaires de la maison, on doit les avancer en rang (mettre à un rang supérieur). Ceux qui trompent, résistent, négligent les choses de la maison et soignent principalement leurs propres affaires, volent ou agissent en maître, font du tort à leurs supérieurs, doivent être bannis.

22. Les servantes qui ont atteint l'âge et qui ne désirent point rester, doivent

être congédiées. Pour celles qui se sont montrées actives et zélées et n'ont que que peu de défauts on doit les aider à trouver un époux. Celles qui ont joué double jeu, semé la discorde [1], qui par des faussetés ont excité la malveillance et divisé les époux et parents [2], seront chassées. Il en sera de même des voleuses, des servantes entêtées, insolentes et rebelles.

1. Litt. : à triple langue.
2. Litt. : la chair et les os.

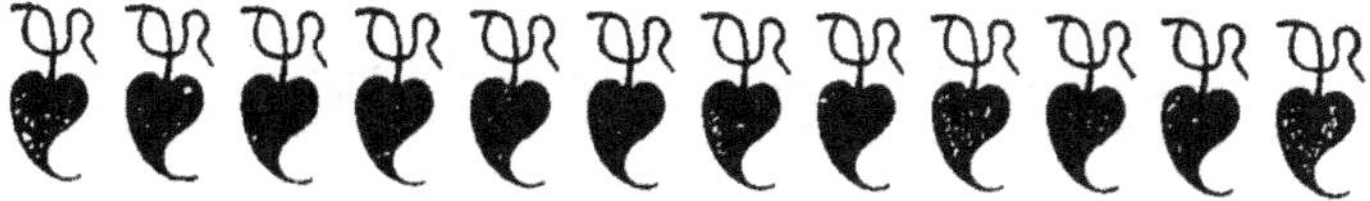

CHAPITRE IV

CÉRÉMONIES DE LA PRISE DU BONNET [1]

23. Tous les jeunes gens de 15 à 20 ans doivent prendre le bonnet viril.

COMMENTAIRE. Tous doivent faire la cérémonie de l'arrivée à la virilité ; tous, fils,

1. Voir *Y. li.* I. Ch. I. Shi-Kian-li. *Li-Ki* IX, 3, 1 ss. v, I, 8-11 XL *et passim. Siao-Hio, III,* 55, ss. *Sin t'seng K. l.* II, 1 et 2.

Dès l'antiquité les Chinois ont attaché une haute importance à la cérémonie de la prise du bonnet qui avait pour eux le même symbolisme que la toge virile des Romains. Ils voulaient faire une impression profonde sur le jeune homme et l'affermir dans la voie de la sagesse. Toutefois les cérémonies solennelles furent introduites sous les Hia, vers le xivᵉ siècle ou le xvᵉ A. C.

Le Y-li entre au sujet de cette cérémonie et de toutes celles, en général, dont il est question plus loin, dans des détails que nous ne pouvons reproduire. Un grand nombre, du reste, n'est plus en usage et ne l'était déjà plus au temps de Tchou-hi. Nous lisons en ce chapitre, par exemple :

« Rites de la prise du bonnet : on consulte le

frères cadets ou serviteurs [1]. Autrefois on prenait le bonnet à 20 ans. Maintenant grâce à l'affaiblissement des esprits on néglige de faire la tresse après la dixième année. De l'enfance à l'âge viril on est ignorant, peu intelligent, on ignore les lois de la virilité et dès que le jeune homme a 15 ans et connaît en gros le Lun-Yu et le Hiao-King on lui fait prendre le bonnet (Sse-ma Wen Kong).

sort par la mille-feuilles à la porte du temple domestique. Le président de la cérémonie portant un bonnet noir et les habits de temple, une ceinture de soie noire, une genouillère blanche se tient à la porte du côté de l'Est, tourné vers l'Ouest. Les assistants vêtus comme le président se tiennent du côté de l'Ouest, tournés vers l'Est. On jette le sort au moyen de l'Anthémis (mille-feuilles), sur une natte, pour obtenir un koua. On prépare tout du côté de l'Ouest ; on étend une natte, un tapis au milieu du chambranle de la porte, à l'extérieur du seuil et regardant vers l'Ouest.

L'augure prend les tiges, en choisit au haut du carquois qui les contient et les tient en main toutes réunies. Les assistants suivant les ordres du président, l'aide se tenant à sa droite un peu en arrière, etc., etc. ». I. K. 1. f. 3. 4. — Nous nous bornerons par la suite à donner ce qui peut expliquer notre texte et rien de plus.

1. On ne doit jamais l'omettre, disent les commentateurs, car c'est l'introduction de l'enfant dans la vie de l'homme.

24. Si les père et mère ne sont point en deuil pour plus d'une année, on doit faire cette cérémonie [1].

Trois jours auparavant, le chef du deuil va l'annoncer au sanctuaire des ancêtres et invite ceux qui doivent y assister.

COMMENTAIRE. Autrefois on cherchait en consultant la plante *Shi* [2], qui l'on devait inviter, aujourd'hui on se contente d'appeler un ami (que l'on connait comme) sage et instruit des rites.

25. La veille on renouvelle les invitations

Jadis tous avaient un temple d'ancêtres on y faisait tous les actes importants. Aujourd'hui la plupart n'ont qu'une salle

1. Un deuil plus considérable la fait retarder. D'après le Li-Ki (v. 9), un deuil de moins d'un an empêche la cérémonie, si la mort a eu lieu dans la maison même (*ta men nei*). Toutefois si les apprêts sont faits on donne le bonnet au jeune homme avec ses habits de deuil, et l'on omet la présentation du vin au jeune homme.

2. La mille-feuilles. On en prenait un certain nombre de branches entre les doigts, gardant les unes, rejetant les autres jusqu'à ce qu'on ait trouvé le nombre expressif du sort. C'était très long et très compliqué (Cp. le *Yih-Hio*. Part. II.

d'images ou tableaux, petite et étroite même, où l'on ne peut faire les cérémonies convenablement. On prend le bonnet dans le quartier extérieur [1] et l'épingle [2] dans le quartier intérieur (Sse-ma Kouang).

26. Le jour arrivé, on se lève de bonne heure, on prépare le bonnet et les habits. Toutes les personnes inférieures au maître de cérémonie [3], se réunissent et se tiennent debout, en ordre. Les hôtes arrivant, le maître de cérémonie va au-devant d'eux, et les introduit dans la

1. On devait faire la cérémonie d'abord au haut de l'escalier du côté de l'Est (réservé au chef de famille) puis au temple. Maintenant on le fait dans les appartements des hommes. En annonçant la cérémonie à son fils, le père lui présente un verre de vin à boire.

2. L'épingle à grosse tête, mise aux cheveux est pour les jeunes filles ce que le bonnet est pour les jeunes gens. On la leur donne maintenant dans le quartier des femmes et plus au temple. Fiancées ou non elles la prennent à quinze ans. Cette épingle est placée au milieu du chignon et sert à le tenir ferme.

3. Toute cérémonie doit avoir un président qui y occupe la place d'honneur et en dirige les opérations. Pour la prise du bonnet c'était le frère aîné ou un proche parent âgé et honorable.

maison, et les fait entrer dans le local de la cérémonie. Les hôtes saluent le jeune homme et s'avancent en le suivant après qu'il a pris le bonnet dit Kvan-Kin [1]; il entre dans la maison, puis en sort revêtu de de l'habit dit Shen-Y et portant des pantouffles. A la seconde fois, on lui met le Mao-Tze et un habit bleu-noirâtre. On lui fait mettre la ceinture de cuir et lier ses pantouffles. A la troisième fois, on lui met le Pu-Teou, les habits de cérémonies, la ceinture de cuir et les souliers; on lui fait prendre la tablette, parfois aussi l'habit doctoral et les souliers.

Puis il fait une libation de vin.

L'hôte lui donne alors son nom d'hon-

---

1. On lui impose successivement trois bonnets avec des cérémonies diverses et des habits différents. Le premier est de toile de forme conique; le second est en peau; le troisième d'étoffe et carré, ressemblant à celui des magistrats inférieurs. Toute la famille se réunit pour la cérémonie. L'officiant annonce chaque fois au jeune homme l'objet et le but de la cérémonie. A la première fois, il l'engage à se dépouiller des sentiments de l'enfance et à devenir homme. La deuxième fois il l'exhorte à conserver sa dignité et ses vertus, et la troisième fois à servir d'exemple aux autres; il lui promet prospérité, longévité et bonheur.

neur [1], puis sort et s'en va au salon. Le maître de cérémonie conduit le jeune homme à la salle du sacrifice; de là, il va voir les parents et supérieurs et fait politesse aux invités. Il sort ensuite et va visiter les vieillards du voisinage et les amis de son père.

1. Jusque-là, il a porté le nom de lait ou d'enfance; il prend alors son nom définitif.

CHAPITRE V

PRISE DE L'ÉPINGLE [1].

27. Les jeunes filles, aussitôt qu'elles sont fiancées, reçoivent l'épingle à la chevelure.

C'est leur mère qui la leur impose. Trois jours avant la cérémonie, on fait les invitations que l'on renouvelle la veille encore.

COMMENTAIRE. Les invitées sont choisies parmi les parentes, femmes respectables et instruites des rites.

On prépare tout le nécessaire [2]; le

---

1. (Cp. *Sin-Ts'eng k. l.* II, 2, 6). — *Y-li* I, 8. Niu-Ki li.

2. Tout se fait comme à la prise du bonnet viril ; il n'y a d'exception que pour l'épingle (qui remplace le bonnet) et la robe. La jeune fille

matin du jour même, on prépare les habillements. On va prendre chacun sa place et les invitées arrivent. La maîtresse de cérémonie va les recevoir et les fait entrer dans le temple. Ce sont elles alors qui mettent à la jeune fille le bonnet et l'épingle, puis, retournées à la maison, elles la revêtent de la robe.

On fait une libation de vin, on lui donne son nom d'honneur, et l'on fait des révérences aux invitées.

Tout se passe enfin comme à la cérémonie de la prise du bonnet viril.

reçoit aussi une coiffure ou petit bonnet de femme.

Avant ces cérémonies les jeunes gens ne peuvent porter ni vêtements de peau ou de soie, ni ornements brodés aux pantouffles.

Depuis longtemps on n'observe plus ces prescriptions; déjà au viii° siècle les sages se plaignaient de ce qu'on habillait les enfants comme les grandes personnes et qu'on leur donnait même les habits des magistrats, officiers, etc. Cp. *Siao-Hio* V, 67-69. Tchou-hi y dit qu'il faut bien céder aux nécessités du temps, aux habitudes invétérées.

CHAPITRE VI

28. — Les jeunes gens depuis 16 jusqu'à 30 ans, les filles de 14 à 20 ans sont en l'âge propre aux fiançailles. La cérémonie se fait par eux et par un chef de cérémonies. Tous doivent être hors d'un deuil de plus d'un an.

On commence par faire la demande de mariage ; on envoie pour cela un entre-

---

1. Voir *Y-li* III, 1. *Li-Ki* IX, 3, 7, II. — XLI. — *Siao-Hio* 108-116. II. 168 ss. et *Sin-Ts'eng* K. 1. II, 3-7.
Les sages Chinois attachent une haute importance aux rites du mariage. L'union de deux familles différentes, en amour et bienveillance pour continuer la postérité, fournir des sacrificateurs au ciel et à la terre, au temple des ancêtres, aux autels des génies du sol, n'est-ce pas, disait Kong-Tze, tout ce qu'il y a de grand ?

metteur, qui porte le message de l'un à l'autre. Lorsque la jeune fille et sa famille ont consenti, le fiancé envoie les présents de noce.

En toute question de mariage, on doit d'abord s'informer du caractère, de la conduite du gendre et de la belle-fille; puis des principes de leurs maisons et des gens qui la fréquentent. Que l'on n'agisse pas à la légère par l'attrait des richesses ou de la grandeur. Il y en a qui se plaisent à fiancer à la légère des enfants encore à la mamelle, ou même simplement conçus. Il arrive alors souvent que ces fiancés devenus grands sont de mauvaise conduite, ou bien ont une mauvaise maladie, ou sont tombés dans la dernière pauvreté, ou que leur fonction les oblige d'aller au loin. On manque alors de parole, on brise l'engagement; il en résulte ainsi des querelles et des procès et cela bien fréquemment. (Sse-ma Wen Kong).

CHAPITRE VII

DU MARIAGE

§ 1. *Des présents de noce, de la dot* [1].

29. Le Tchou [2] du jeune homme écrit une lettre d'envoi et va la présenter tout au matin dans le temple ancestral, en y annonçant la circonstance. Puis il la fait porter par des jeunes gens à la maison de la fiancée.

Le Tchou de la fiancée vient au-devant d'eux, en dehors de la maison, prend la lettre et va la porter, en annonçant la chose, dans le temple ancestral. Puis il ressort et va donner la réponse aux en-

1. Cp. *Sin ts'eng k. L.* II 6. Siao-Hio. II, 108. ss. Y-li II f° 4, ss. *Li-ki.* I. VII. IX. XXIII, etc.

2. C'est-à-dire le parent choisi pour présider aux cérémonies; d'après le Liki ch. xli. 2, ce serait le père de chacun des fiancés.

voyés de l'époux qu'il salue respectueusement.

Ceux-ci vont porter la réponse à la famille du gendre et le Tchou annonce de nouveau l'envoi dans le temple des ancêtres.

Puis on fait les présents. Pour cela (le fiancé) écrit une lettre qu'il envoie porter chez sa fiancée. Là on la reçoit comme précédemment et l'on envoie une réponse de la même manière, à cela près qu'on n'annonce rien dans le temple ancestral.

Commentaire. La soie que l'on envoie en présent de noces doit être de couleur. La quantité de l'envoi dépend de la fortune du gendre. Les plus pauvres doivent en envoyer deux pièces; les plus riches ne peuvent dépasser le nombre de dix. Maintenant on donne, en outre, des épingles et bracelets, un agneau, du vin, des fruits, etc.

Yangfou dit : Jadis les cérémonies du mariage étaient au nombre de six : 1 annonce des présents, 2 demande des noms, 3 questions relatives à l'état de santé,

4 promesse, 5 demande du jour des noces, 6 rencontre des époux. On en a re-
tranché deux pour la facilité (2ᵉ et 3ᵉ) [1]. Il
en est ainsi au Kia-li.

§ 2. RENCONTRE DES ÉPOUX [2]

30. La veille du jour de la rencontre,
les envoyés de la maison de l'épouse vont
chez le fiancé montrer les présents.

Le matin même, chez le fiancé, on étend
une natte au milieu de la maison; chez la
fiancée on orne l'extérieur de la maison.

31. Dès la pointe du jour le fiancé se
pare des habits de cérémonie et le Tchou
va annoncer le mariage dans le sanctuaire. Le Père fait faire une libation au
jeune homme [3] et l'envoie au-devant de

---

1. Jadis on devait en outre demander le nom
et s'informer de l'état de santé des fiancés. Aujourd'hui on a simplifié la chose (COM.).

2. Cp. *Sin-ts'eng k. l.* III, 4. *Y-li* II fᵒˢ 10 ss.

3. Son père lui présente une coupe de vin; il
en boit et fait une libation en répandant du vin
sur des herbes. Puis le père lui enjoint d'aller
chercher sa fiancée. C'est l'homme qui doit aller

la jeune fille. Le fiancé s'en va à cheval et arrive à la maison de sa fiancée, il
y entre et s'arrête dans le quartier extérieur. Le Tchou de la fiancée [1] annonce
de son côté le mariage dans le sanctuaire
et y fait faire une libation à la fiancée.

32. Après cela, il sort et va au-devant
du fiancé qui lui présente une oie sauvage [2].

au-devant de la femme pour lui apprendre à la
respecter, dit le Li-ki. La bru doit être traitée
chez ses beaux-parents, comme un hôte, c'est-à-
dire avec respect et sollicitude.

1. Son père d'après le Li-Ki, un parent honorable, choisi *ad hoc*, est-il dit plus loin.

2. Ils se saluent profondément, se cèdent la
préséance que le Tchou accepte finalement, puis
vont à la salle de réception où le fiancé s'incline
deux fois et dépose l'oie sauvage. D'après le Li-
Ki, le fiancé aide la fiancée à monter dans son
char et fait avancer un peu les chevaux.

Le chap. Shi-Hun li du Y-li donne les paroles
que le père du fiancé, le père et la mère de la fiancée, la mère secondaire, qui lui a servi de gouvernante, adressent aux deux jeunes gens, en
les envoyant se rencontrer.

Le père du jeune homme, en lui donnant le
vin à boire, lui recommande l'affection pour son
épouse, le zèle pour la former à la vertu et une
intégrité parfaite pour lui-même. Le père de l'é-
pousée, en la congédiant, sa mère en lui mettant
sa ceinture, lui recommandent l'activité, la do-
cilité, le respect d'elle-même. La mère éducatrice
lui met la grande ceinture et l'exhorte à méditer

La gouvernante de la fiancée la fait monter dans un char, et le fiancé remontant à cheval, s'en va devant le char de sa promise. Arrivé à sa demeure il y fait entrer sa nouvelle épouse et tous d'eux s'inclinent l'un devant l'autre ; l'époux, deux fois, l'épouse quatre fois.

COMMENTAIRE. *Extrait de Sse-ma Wen-Kong*. Le fruit du mariage est que, pour les ascendants on assure la succession des générations, ainsi on affermit le bien et l'affection de deux familles. Ceux des gens de nos jours qui cèdent à la cupidité et aux bas sentiments, quand ils prennent une bru, s'informent d'abord si la dot est abondante ou pas. En mariant leurs filles, ils s'enquièrent avant tout de la richesse des présents de noce. Beaucoup font un contrat exigeant qu'on donne telle valeur déterminée. Après le mariage en s'aperçoit que l'on a trompé, qu'on s'est joué du co-contractant. C'est là un

les paroles de ses parents, à obéir à son mari, à ne commettre aucune faute et à garder sa ceinture symbole de sa pureté.

procédé qu'on emploie dans la vente des esclaves; que dire des Shi et Tai-fou [1] qui en usent en mariant leurs fils ou leurs filles?

Extr. de Tchou-hi Dans la cérémonie du mariage on prend l'habit de cérémonie. D'après les anciens rites, les Shi montaient un char de couleur noir et simple et apportaient une oie sauvage. Ces deux rites sont propres aussi aux Tai-fou. Le bonnet *Kwan* [2], la ceinture et l'habit ordinaires ne conviennent pas pour celui qui veut observer religieusement les rites du mariage; ni pour qui veut suivre les règles de l'antiquité. D'après l'Y-li on n'annonce pas au temple ancestral que l'on va prendre femme; toutefois le *Tsho tchuen* rapporte que *Wei* [3] ayant apprêté et couvert une table

1. Les Tai-fou sont les magistrats supérieurs préposés à l'administration de l'empire ou de grandes divisions. Les Shi sont les fonctionnaires inférieurs et les lettrés.

2. Le bonnet simple que l'on met la première fois à la prise du bonnet.

3. Voir le Tso tchouen, X, 1, 2. Wei Kong-tze de Ts'u vint au petit Etat de Tching pour en

annonça un mariage dans le temple de Tchouang et Kong. Ainsi cette annonce entrait dans les rites des anciens.

Quant à la rencontre des époux, selon Tcheng-y-Tchouen, on fait ceci : Si les fiancés habitent près l'un de l'autre; le fiancé rencontre la fiancée dans son état; s'ils sont dans des états éloignés, la rencontre a lieu dans une tente faite par le jeune homme ou dans un hôtel.

Extrait de Sse-Ma Wen-Kong. Pour choisir les maîtres de cérémonies, on prend dans les deux familles des parents instruits des rites et usages. Quand le gendre rend honneur à la fiancée et fait toutes les cérémonies qui la concernent les maîtres de cérémonies l'aident et le dirigent.

Quand le fiancé et la fiancée se sont

épouser une princesse, avec une escorte nombreuse. Les gens de Tching ne voulurent pas le laisser entrer dans leurs murs craignant quelque surprise. Wei leur envoie dire que leur conduite est étrange, qu'ils ont consenti au mariage et qu'en conséquence il l'a annoncé dans le temple de Tchouang et de Kong, son père et son grand-père.

salués mutuellement, ils se prosternent. La coutume est que le mari le fasse deux fois et la jeune femme quatre fois. Jadis ces prosternations ne se faisaient point ; aujourd'hui on suit la mode du temps [1].

33. Cela fait, on se met à table [2] et lorsque le repas est fini, le marié sort et rentre de nouveau, ôte ses habits de noce et fait allumer les lanternes. Le chef de la cérémonie salue les hôtes.

Commentaire. Extr. de Sse-ma Wen-Kong. Jadis quand ils se trouvaient en-

1. Le *Sin ts'eng k. l.* entre au sujet de toutes ces cérémonies dans des détails indéfinis. Il indique, par exemple, par quel côté de l'escalier les deux fiancés et les chefs des cérémonies entrent ou sortent, montent ou descendent, quelles paroles ils s'adressent à chaque circonstance, à chaque rencontre. Ainsi le fiancé dit au Tchou de l'épousée en l'abordant : « Moi un tel ayant reçu l'ordre de mon père, je viens accomplir ces rites et les exécuter complètement. » Le Tchou répond : « Moi aussi je veux suivre les ordres reçus ». Après quoi le fiancé s'incline deux fois. Le Tchou une fois et fait asseoir le fiancé sur une natte, etc., etc. Tout cela ferait matière d'un gros volume. On comprend d'ailleurs que cela n'est guère suivi en pratique. Cp. *Sin ts'eng k. l.* II f. 9.

2. Tout en ce repas est également fixé, mais probablement c'est aussi peu suivi que le précédent.

semble, le côté droit était le côté d'honneur; aussi au dîner de noce, le marié était au côté droit, à l'ouest, regardant l'est, la mariée était à l'est regardant l'ouest. Maintenant c'est la gauche qui a les honneurs. On a donc changé ces dispositions en conséquence. Jadis on ne faisait pas de musique pendant trois jours dans la maison du marié, parce que le mariage annonce que le jeune homme succède à ses parents [1]. Aujourd'hui la musique fait partie de la fête du mariage. C'est tout à fait contraire aux rites.

§ 3. — VISITE DE LA BRU A SES BEAUX-PARENTS [2]

34. Le lendemain des noces, la bru se levant de bon matin, va visiter son beau-père et sa belle-mère qui la reçoivent

1. Ces paroles sont de Kong-tze, elles sont rapportées au L. *Tzeng-tze-wen* du Li-Ki.

2. On peut encore voir au *Sin ts'eng K. l.* tous les détails de ces visites, çomment ils partent en char, le mari par derrière la femme en avant,

avec honneur. Après quoi elle va voir tous les gens âgés et honorables de la maison. Si la nouvelle mariée est la femme du fils aîné elle sert les repas à ses beaux-parents et ceux-ci mangent ce qu'elle leur apporte.

§ 4. — VISITE AU MIAO

35. Le surlendemain, le chef des cérémonies nuptiales vient chercher la jeune mariée et la conduit au temple ancestral [1].

Anciennement cela se faisait le 3e mois. Aujourd'hui cela est considéré comme

comment on les reçoit, avec quelles salutations, comment on leur présente la natte ou le siège, etc., etc. Tout cela est plutôt donné comme modèle que comme prescription. Cp. Y-li, II, f° 17-18.

1. Le 3e jour, se levant de bon matin, le Tchou conduit la mariée se montrer au temple ancestral. La mariée sort, vénère le ciel et la terre, entre au temple, salue les esprits des ancêtres de la famille et dit cette prière : « Demandant prospérité et vertu ; l'encens allumé dans le temple, vénérant les esprits avec piété, j'implore le bonheur, la prospérité. la longévité. etc., etc. (*Sin ts. K. l.*, III, f° 13.)

trop éloigné du jour du mariage ; c'est pourquoi on fait cette visite le troisième jour.

Tout se passe comme à la prise du bonnet viril.

§ 5. — VISITE DU NOUVEL ÉPOUX AUX PARENTS DE SON ÉPOUSE

36. Le jour suivant le marié va visiter ses beaux-parents.

Son beau-père vient au-devant de lui et le salue, l'honore comme un hôte ; quand le beau-père le salue profondément, il se met à genoux et l'aide (à se courber). Il entre ensuite et va visiter sa belle-mère. Celle-ci ouvre le battant gauche de la porte intérieure, se place au milieu de l'ouverture et le gendre se prosterne à l'extérieur de la porte. Tous deux portent les présents obligés.

37. Cela fait, le gendre visite les autres parents de son épouse et ceux-ci le reçoivent avec les honneurs prescrits.

S'il va les voir le soir, la mère de sa femme et les autres parents ne doivent pas lui servir à boire ou à manger, parce que son épouse n'a pas encore visité ses beaux parents [1].

COMMENTAIRE. (De Tchou-hi) : l'auteur d'un livre qui ne suit que sa propre pensée peut commettre bien des fautes. Sse-ma Wen Kong et Tcheng Y-Tchouen [2] ont fixé les rites du mariage. Ce faisant ils ont tous deux suivi l'Y-li. Si l'on y change un seul point ce ne sera plus la pensée des anciens.

38. Sse-ma Wen Kong, dit : dans la rencontre des époux on présente une oie sau-

---

1. On a vu au § 3 que la bru visite ses beaux parents le lendemain des noces. Le soir de ce jour elle ne l'a donc pas encore fait ; or il ne convient pas que l'homme fasse pour les parents de la femme ce que celle-ci n'a point encore fait pour les père et mère de son [mari, qu'elle doit maintenant respecter et servir plus que les siens. Cp. Y-li, II, f° 13, v° ss.

2. Tcheng Y-tchouen est le philosophe Tcheng-tze, ou Tcheng-i (1033-1107), célèbre philosophe et commentateur des classiques ; il fut le maître de Tchou-hi et contribua à fonder le système philosophique de la nature que Tcheou-tze avait créé. Il reçut après sa mort le titre de Tcheng Kong ; le Kong, droit et juste.

vage ; quand on apperçoit le président des
cérémonies on sort (pour aller vers lui).

Tcheng Y-tchouen dit, de son côté :
les prosternations achevées on entre dans
la maison et l'on se prosterne devant tous.

Il n'en est point ainsi. Le même ajoute :
La bru va le lendemain voir ses ¡beaux
parents ; le troisième mois elle se montre
au miao. Sse-ma Wen-Kong dit : la bru
entre dans le temple et se prosterne devant
les tablettes dans la salle aux offrandes.
C'est une égale erreur. Dans la rencontre
des époux, le marié ne va pas voir ses
beaux parents, parce que la mariée n'a
pas encore vu les parents de son époux.
En entrant dans la maison elle ne voit pas
aussitôt les parents de son mari, parce
qu'elle n'est pas encore leur bru. Maintenant on suit Sse-ma Wen Kong quant à la
rencontre des époux ; et Tcheng Y-tchouen
relativement à ce qui se fait après qu'on
est entré dans la maison de l'époux ; mais
quant à la visite au temple on a substitué
le troisième jour au troisième mois.

CHAPITRE VIII

RITES DU DEUIL [1]

§ 1. — *Rappel du mort; premiers arrangements.*

39. Quand un malade est à l'extrémité on le porte dans l'appartement du Sud-Ouest (pour qu'il meure avec honneur) [2].

40. Lorsqu'il est mort on rappelle son

---

1. Comparez *Y-li*, I. 13, 5 et 14, 1. *Li-Ki* I et II *passim*. V, XIII, XVIII, XIX, XXXI et XXXV. *Siao-Hio* V, 78, ss. *Sin ts'eng Kia-li*, l. 5, à 7.

2. Quand la mort approche on lave tout autour du lit du malade, on éloigne ses armes, instruments de musique, etc. On le met par terre jusqu'après la mort.

Un homme ne doit pas mourir entre les bras des femmes, ni les femmes au milieu des hommes. Sse-ma Wen Kong, cite Sun Siuen Kong, mort peu auparavant et qui se fit transporter dans le quartier des hommes. L'appartement, le quartier du S.-O. est l'endroit sacré de la maison, le plus reculé et mystérieux, le penus aussi des Chinois)*S. ts. K. l.*)

esprit vital. Pour cela, quelqu'un monte au-dessus du toit de la galerie du côté de l'Est. Arrivé au milieu de la maison [1], il se retourne agite son habit et appelle le mort en criant trois fois : « reviens » et élevant toujours la voix davantage.

S'il appelait dans la maison, il pourrait effrayer tout le monde ; il va du côté du Sud de la cour et si le mort est un homme il crie son nom *ming*, si c'est une femme il crie le nom d'honneur (*tʒe*) [2]. Si c'était un magistrat ; ou s'il portait un titre quelconque, il l'appelle par ce titre ou ce nom. (Extrait de Sse-ma Wen-Kong).

1. Il monte par l'Est jusqu'au point le plus élevé et le plus dangereux, le milieu du toit ; et se tourne vers le Nord pour appeler. Comme il est dit IX, 7, 17. Li-Ki, primitivement on cherchait les esprits du côté de la lumière. Depuis les Tcheous on les cherche du côté des ténèbres. Si quelqu'un meurt en char, sur le chemin on monte sur l'essieu gauche pour l'appeler. On crie trois fois pour rappeler l'esprit du ciel, de la terre et des quatre régions intermédiaires dit le Y-li, VIII, f° 2.

Après avoir crié sur le toit on jette l'habit par terre et descend par le Nord-Ouest. Cet habit est un vêtement de dessus, noir avec bord violet.

2. Voir plus haut p. 51. Le *tʒe* est le nom pris au mariage.

41. Ensuite on désigne un président du deuil ou une présidente, puis un conducteur du deuil, puis des intendants des écritures et de la fortune.

COMMENTAIRE. Le fils aîné et à son défaut, le petit-fils aîné préside au deuil, fait les offrandes, libations et sacrifices. Il fait tous les actes prescrits, avec les amis et les hôtes et met à leur tête un parent distingué de la même maison.

42. S'il s'agit d'une femme c'est l'épouse du fils aîné et à son défaut celle du président du deuil. Pour diriger le deuil on choisit parmi les frères cadets ou les fils du défunt celui qui sait (le mieux) les rites et les cérémonies. Pour les autres fonctions on désigne un fils ou un frère ou bien un serviteur.

Aussitôt après la mort, les parents changent d'habit et jeûnent. On fait faire le cercueil, et l'on fait annoncer le deuil aux parents et amis.

COMMENTAIRE. Les lettres sont faites et envoyées par celui qui a été nommé pour présider aux écritures; s'il n'y en a point c'est le président du deuil qui fait avertir lui-même les parents ; mais non les amis. Hors de cela on n'écrit point. Ceux qui reçoivent les lettres d'annonce pleurent quelque temps puis s'interrompent et répondent.

Aujourd'hui en cas d'absence ou mort du fils aîné, c'est le second fils qui préside aux cérémonies : les neveux ne le font point. S'il a été constitué un droit d'aînesse c'est alors le fils de l'aîné.

43. Lorsque les habits, le lavage et les objets à mettre dans la bouche sont prêts, alors on lave et habille le cadavre [1], on

1. Aussitôt après la mort on remet le cadavre sur son lit, on le lave, on lui met de nouveaux habits. On lui met une cuiller double dans la bouche pour que les dents ne se contractent pas et qu'on introduise ce qu'on doit y mettre à savoir du riz et de monnaies-écailles (Liki, XIX, 1 22 et commentaires). La tête est lavée séparément et avec de l'eau de grain cuit. Les offrandes consistaient surtout en fruits et grains. On met dans la bouche du mort du riz et des pièces de monnaie en écailles. (Liki II, 25, commentaire). Les enfants d'un mort doivent rester trois jours sans manger ni boire, dit Tseng-tze, et après cela ils sont encore capables de marcher avec un bâton. Pour une mère on reste 2 jours sans manger ; pour un deuil de 9 mois on s'abstient de 3 repas, pour un deuil inférieur on s'abstient de

apprête les offrandes. Tous y compris le président du deuil, viennent prendre place et sanglottent, puis lui mettent les divers objets dans la bouche. Lorsque les serviteurs ont achevé d'habiller le mort on lui met une couverture et pose le siège pour l'esprit [1] et l'on présente la soie sur laquelle on l'appelle. On élève une bannière, mais on ne fait point les cérémonies bouddhiques.

COMMENTAIRE. Les gens du jour adhérant aux doctrines trompeuses de *Fo*, à la mort d'un parent, le septième jour,

deux, XXXIV, 4. Après que le mort est mis au cercueil, si c'est le père ou la mère on mange une poignée de grain de riz, soir et matin. Pendant tout le temps des cérémonies on mange du riz grossièrement apprêté, sans légume ni fruits et on ne boit que de l'eau. Pendant un deuil de 9 mois on s'abstient de tout assaisonnement et de toute liqueur si le deuil est de cinq mois. Pour le reste voir au *Siao-Siang* § 88 et 89. Tchou-hi se plaint amèrement de ce qu'on n'observe plus ces règles et qu'on mange de la viande en tout temps. Il cite des exemples de Grands, punis pour y avoir manqué. V. *Siao-Hio*, V, 73 ss.

Une des marques de la douleur dont il n'est plus ici question c'est de faire de nombreux sauts pour montrer qu'on a comme l'esprit perdu. On va les faire dans la cour.

1. La tablette avec piédestal.

le centième, la première année résolue,
la deuxième après le décès et le jour où
l'on quitte les habits de deuil, donnent du
riz à manger aux bonzes en invoquant
Bouddha ; ou bien ils font un monceau
de terre avec de l'eau, écrivent des sentences, vénèrent la statue de Fo, élèvent
des tours sacrées et croient par là effacer
les plus grandes fautes du mort et l'intro-
duire au ciel. S'ils ne le font pas ; ils pen-
sent qu'il ira dans la prison souterraine.
Ki Tcheou qui était préfet de Lou Tcheou
sous les Tang écrivait à sa sœur ce qui
suit : s'il n'y a pas de cour céleste c'est
tout. S'il y en a une les Kiun-tze y iront.
S'il n'y a pas de prison souterraine,
c'est tout. S'il y en a une les hommes
grossiers iront là. Les parents d'un mort
en priant Fo ne rendront pas le défunt
saint et sage, quand de très mauvaises
actions en ont fait un homme bas et vil.
S'ils ont commis de grandes fautes ob-
tiendra-t-on pardon pour eux en recou-
rant à Fo ? Si l'on a commis des excès,
ruiné sa maison, dépensé sa fortune,

cette invocation réparera-t-elle le mal ? N'est-il pas mieux de vendre son champ et de travailler pour pouvoir payer les frais d'enterrement ?

44. Quand cela est fait, les amis du père défunt, tous ceux qu'il aimait sont introduits et viennent pleurer près du cadavre.

§ 2. DU PETIT ENSEVELISSEMENT

45. Ce jour là même les gens chargés de ce métier, apprêtent le linceuil et la couverture et en enveloppent le cadavre ; le président ou la présidente du deuil viennent alors se jeter sur lui et se frappent la poitrine en sanglotant. Ils vont ensuite dans une autre place ouvrir leurs vêtements (pour respirer un peu), ils se lient la chevelure et passent le cordon autour de la tête formant un chignon de leurs cheveux.

COMMENTAIRE. Les hommes qui portent l'habit de deuil coupé [1] ouvrent leurs

1. Le plus grand deuil pour père ; on porte

habits et se lient la chevelure. Ceux qui ont les habits ourlés ou un deuil moindre encore, jusqu'à ceux qui descendent d'un même ancêtre à la cinquième génération, vont faire ces choses dans une autre salle. Il en est de même des femmes quant au chignon.

46. On fait alors une libation, tous les parents ainsi que le président du deuil donnent les signes les plus violents de douleur, sanglottent tour à tour sans proférer un son.

§ 3. Grand ensevelissement

47. Quelque temps après les gens du métier viennent faire le grand ensevelissement avec le suaire et la couverture.

Commentaire. Jadis on faisait l'enseve

les habits de toile grossière qui ne sont pas même ourlés; l'étoffe est simplement coupée. Le petit ensevelissement se fait dans la chambre, le grand au-dessus de l'escalier. Au premier, on emploie un long vêtement et trois couvertures transversales. Au second, on emploie trois bandes d'étoffe en long et cinq transversales.

lissement dans un grand linceul ; puis on recouvrait le cadavre d'argile. Maintenant qu'on le met dans un cercueil, on ne doit point, avant que le vernis du cercueil soit séché et par crainte de la trop grande masse de fourmis qu'il y a au Midi, enduire le cercueil de limon.

(47). Cela fait on pose le siège de l'âme du défunt à l'Est du cercueil ; on prépare et arrange les offrandes et tous, avec le président du deuil, se retirent à l'appartetement funéraire.

§ 4. — DES VÊTEMENTS DE DEUIL

48. Le même jour, les cinq catégories de personnes obligées à porter le deuil viennent revêtues de leurs habillements funéraires ; chacun ayant pris la place que les règles lui assignent, ils sanglottent, selon la règle, comme le matin. Pendant trois ans, ils portent le deuil avec habit coupé, non ourlé, comme le premier jour.

La première classe est celle de ceux qui

portent les vêtements dits *Tchan* coupés, leur deuil dure trois ans.

Commentaire. *Tchan* signifie : « Non cousus ». La jupe et la veste doivent être d'un chanvre écru très grossier ; sur toute l'étendue du bord il ne doit point y avoir de couture d'ourlet. Sur le dos et aux épaules il y a un *fou-pan ;* devant le cœur est attaché un *tʒui ;* à droite et à gauche un *Pi-ling* [1].

49-54. La seconde classe est celle « des habits cousus », *ts'ai, fimehe,* avec deuil de trois ans.

3ᵉ Classe. Deuil dit *Ta-Kong* durant neuf mois.

Les habits, comme précédemment d'un chanvre grossièrement ourlé et sans aucun des trois ornements *fou-pan,* etc., (qui ne sont faits que pour père et mère et pour personne autre).

Dans le Kia-li, il est dit simplement qu'on ne les emploie pas dans un deuil de

---

1. Ce sont des morceaux d'étoffe grossière de différentes formes. Il serait trop long d'entrer dans tous ces détails.

neuf mois. Aussi d'après les livres faits les années antérieures et d'après les rites domestiques de Tchou-hi, pour les autres parents on ne les porte pas.

4e Classe. Deuil dit *Siao-Kong* [1], de cinq mois. Le chanvre des vêtements est assez fin et ourlé à moitié bord.

5e Classe. Deuil dit *Sse-ma*, de trois

---

1. On trouvera plus loin les détails de l'emploi de ces divers vêtements de deuil. Cp. *Sin-ts'eng K. l.* VI, f° 1 ss.

Ta Kong, veut dire « grand mérite » ; *Siao Kong,* « petit mérite ». *Sse ma* est « chanvre fin ». Cp. Y-li, I, 16, 5-9.

Le président du deuil est le fils aîné ; s'il n'est point en âge, ce peut être un cousin et même un ami.

La *Siao-Hio*, V. 70 ss. donne quelques détails sommaires assez importants sur les usages du temps de deuil. Pendant le deuil de père et mère, y est-il dit, on doit prendre un appartement simple et sans ornement en dehors du corps principal de logis ; on couche sur l'herbe, avec une brique pour oreiller ; on n'ôte plus sa ceinture. Les femmes logent aussi dans un appartement différent dans le quartier intérieur ; il ne peut y avoir ni rideau, ni tapis, ni matelas, ni aucun ornement. Le même livre contient des plaintes amères contre ceux qui contreviennent à ces règles. Il y est dit que depuis les cinq dynasties on a pris l'habitude coupable de manger de la viande, de se divertir, banqueter, faire de la musique en temps de deuil. V. § 77, 78. Cp. Li-Ki, XIX, 1, 31 et XXXIV, 6.

mois. Mêmes vêtements mais très fins.

55. Les habits ourlés comportent cinq degrés.

1ᵉʳ La veste, la jupe, le bonnet sont les mêmes que les précédents, l'étoffe est toutefois moins grossière et ourlée toute autour ;

2ᵉ Degré : deuil d'un an avec bâton-canne.

L'habillement est le même que le précédent ; mais d'une grossièreté moins grande encore.

3ᵉ Degré : deuil d'un an sans canne ; comme le précédent à l'exception du bâton ; étoffe à moitié écrue ;

4ᵉ Degré : deuil de cinq mois ;

L'habillement est le même. Ce deuil est fixé pour les grand-pères et grand-mères.

5ᵉ Degré : deuil de trois mois. Mêmes vêtements ; deuil des arrière-grand-parents ;

53. Pour toute personne qui meurt avant l'âge de puberté, le deuil descend d'un degré.

Commentaire. Il y a trois degrés d'impuberté ; la grande, la moyenne et la petite. La grande est celle des jeunes gens qui meurent entre 16 et 19 ans. La moyenne est entre 12 et 15 ans ; la petite va de huit à onze ans. Pour un enfant de moins de huit ans on ne porte pas le deuil.

56. Pour un mort de la première catégorie et pour lequel, s'il était adulte, on porterait un deuil d'un an, ce deuil se réduit au Ta-Kong de neuf mois ; pour la seconde catégorie, il serait de sept mois, pour la troisième de cinq mois ou Siao-Kong. Quant aux pleurs on change les mois.

57. Si l'impuberté est déjà fiancé ou marié, alors il n'est plus compté comme tel, qu'il soit garçon ou fille ; pour lui on porte le deuil des adultes.

58. Tout petit-fils ou toute fille mariée lorsqu'ils doivent porter le deuil de leurs propres parents (du vivant du grand-père ou du beau-père), le prennent d'un degré moindre et ce deuil se porte comme il suit. A dater du jour où l'on prend le deuil, le chef du deuil ainsi que les frères

du défunt mangent du gruau de riz clair
et pleurent. Si avant la fin du grand deuil,
il leur en survient un plus petit, ils pleurent ce dernier selon les règles et portent
les habillements de ce deuil.

59. Le premier jour de chaque mois, ils
font les offrandes prescrites. Lorsque le
temps des pleurs est passé, ils reprennent
le grand deuil, et celui-ci fini, ils achèvent
ce qui était resté du petit.

§ 5. — DES PLEURS ET DES LIBATIONS

60. Le matin on fait une libation; à
l'heure du repas on fait l'offrande du riz.
Le soir, nouvelle libation et l'on pleure
sans cesser. Le premier du mois, à la libation du matin on fait les offrandes
prescrites. Si l'on a des primeurs on les
présente également.

VISITES, LIBATIONS ET OFFRANDES

61. Chaque visiteur prend un habit uni

et commun. Les offrandes et libations se composent de parfums, thé, cire, vin et fruits. Les présents réglés se composent de monnaie et de soie.

Les visiteurs écrivent leurs noms dans un registre, entrent, pleurent et font les libations ; après quoi ils se retirent [1].

§ 6. — ANNONCE D'UN DEUIL ; ALLÉE AU LIEU DE LA MORT

62. Dès qu'on apprend la mort d'un parent, on se met à pleurer. On change d'habit [2] et l'on se met en route. A mi-chemin, comme la douleur est extrême, on pleure de nouveau. Quand on apperçoit les con-

1. Quand on va faire une visite de condoléance on ne doit porter ni habits de peaux, ni bonnet richement orné. Mais toute la toilette doit être simple (Siao-Hio, III, 62). En arrivant on fait une libation de vin devant la porte ; en entrant on dit en demandant des nouvelles de la mort, qu'on est venu, pour consoler les vivants. — Les Shis et Tafous écrivent sur l'écran de la porte ces mots en grands caractères *pei tiao* « commencer les condoléances », etc. (Sin-ts'eng, K. 1., VI, 9). Y-li, I, 16, 12-15.
2. Comme au grand ensevelissement (voir plus loin).

fins de la province, de l'arrondissement, de la ville, de la maison où l'on va, on sanglotte autant de fois. Entré dans la maison, on va droit au cercueil; on se prosterne deux fois. On change encore d'habits, on va à sa place et l'on sanglotte encore. La première fois on se vêtit comme au commencement du deuil; la deuxième fois comme au petit ensevelissement. Le quatrième jour après la mort, on prend les habits de deuil. Si l'on est empêché de se mettre en route on fait un siège de l'esprit [1]; mais on omet les liba-

---

1. Une tablette comme pour l'enterrement. Elle ne sert qu'à cet usage; après cela on la brûle pour qu'elle ne soit pas souillée.

Il s'agit en tout ceci, comme disent les commentaires du Li-Ki de parents pour qui on doit porter un des cinq genres de deuil (voy. ci-dessus). On pleure en répondant au messager qui apporte la nouvelle; puis on l'interroge sur les circonstances de la mort; après quoi on se remet à pleurer. On se met en route et fait 100 *li* par jour, mais sans voyager la nuit. On ne pleure pas sur les places publiques. On peut être empêché par la maladie ou les exigences de ses fonctions.

Le Li-Ki et le Sin-ts'eng Kia-Li donnent encore pour ces divers actes des détails de prescription qui nous entraineraient trop loin si nous voulions les reproduire et qui du reste sont plus théoriques que pratiques. En voici un spécimen :

tions. On change aussi d'habits le quatrième jour après l'annonce.

Si à la maison mortuaire il n'y a ni fils ni petit-fils du défunt on fait les libations pour eux.

Quand on a pu partir on sanglotte en route et dans la maison comme il est dit plus haut [1].

« Arrivé à la maison, on entre par le côté gauche de la porte, on monte à la grande salle par le côté Ouest des escaliers; on fléchit le genou à l'Est du cercueil, la face tournée vers l'Ouest. Puis on lie ses cheveux, retrousse ses manches, descend de la salle et va à la place assignée vers l'Est où l'on pleure tourné vers l'Ouest.

Les commentaires ajoutent entre autres choses que cela est bon quand le deuil est d'un père; un fils ne monte ni descend par le côté Est. Lorsqu'un père vient de mourir on ne peut supporter d'agir autrement que pendant sa vie, c'est pourquoi on entre par le côté Ouest et monte par l'escalier de gauche. Tant qu'un père n'est pas enseveli; on le traite comme vivant.

1. Les anciens Chinois, et beaucoup le font encore maintenant, préparaient leur cercueil longtemps avant leur mort. C'était de règle après 60 ans. De 70 à 80 ans on le voyait à chaque saison, de 80 à 90, chaque mois; après 90 ans, tous les jours.

La règle des saisons s'applique aussi d'après les commentaires aux vêtements et linceuil difficiles à se procurer, celle de chaque mois aux objets plus petits, bandes, etc.; celle de l'inspection journalière après 90 ans, s'applique à tout. Cf. *Li-Ki*, III, V, 4 et Commentaire. Le but de cette

S'il n'y a point de fils ou de petit-fils à la maison mortuaire, en route on fait un siège, on y répand les libations soir et matin; mais arrivé à la maison on n'y change pas d'habit.

63. Quand on va à l'enterrement, avant d'arriver au cimetière on pleure et se prosterne.

Commentaire. Les parents qui n'ont pas encore pris le deuil, changent d'habits au cimetière; revenus à la maison mortuaire et arrivés devant le siège du mort, ils se remettent à sangloter et à se prosterner. Le quatrième jour ils prennent le deuil selon les rites; s'ils le portent déjà, ils ne changent pas. En cas de deuil au-dessous de celui à bords ourlés, lorsqu'on apprend la mort, on pose un siège, on fait une libation et l'on sanglotte. Si l'on se rend à la maison mor-

prescription dit le commentaire est de préparer graduellement à la mort. Au L. II, 2, 8, le Li-Ki dit que le motif de l'ensevelissement dans de nombreux draps, l'ornementation et l'enveloppement du cercueil eut pour but d'éviter le dégoût et le commentaire ajoute que les saints en prescrivant cela n'ont point eu d'autre fin.

tuaire, dès qu'on y est entré on prend les habits de deuil. Si l'on n'y va point on prend le deuil, le quatrième jour.

§ 7 DE L'ENTERREMENT [1].

A. *Préparatifs.*

64. On enterre le mort, le troisième mois ; la veille du jour de l'enterrement, on va choisir la place.

COMMENTAIRE. (de Sse-Ma Wen-Kong). Jadis le fils du ciel était enterré après sept mois : les chefs feudataires après cinq mois ; les fonctionnaires, le troisième mois ; les gens comme il faut, un mois après la mort. Maintenant les deuils, ans, mois et jours ont été réglés par décret impérial. Tout défunt d'un rang inférieur aux Wangs et Kongs est enterré après trois mois. Les gens du siècle s'en rapportent au dire des croque-morts

1. Comp. *Y-li* I. 14. passim *Li-Ki* II II, XVIII, XIX pas. *Sin Ts'eng Kia-li* V. 5 et VII, 2.

(*Tsang-Sƶe*) choisissent l'année, le mois, le jour, le moment comme aussi la forme du tumulus, et l'on n'enterre pas avant que le corps ne tombe en dissolution ; ils attendent plusieurs lustres et générations. Alors la descendance se perd, s'interrompt (ou) l'on oublie le lieu choisi ; on abandonne la chose et n'enterre pas du tout. Rien n'est plus contraire aux rites, rien ne viole plus les lois. Le cœur d'un fils pieux craint cette faute ; il creuse profond et large ; il craint que trop à la surface, quelqu'autre ne touche le cadavre en creusant ; que trop profond, l'humidité ne le pourrisse trop tôt. Aussi choisit-il un endroit où il y a beaucoup de terre, où l'eau reste à une grande profondeur et n'en prend point d'autre.

On demandait à Tchou-Hi : si la famille du défunt est pauvre, le lieu éloigné, qu'on ne puisse recueillir et enterrer le cadavre, que doit-on faire ? Il répondit : Tze-Yu interrogea Kong-Tze sur ce point. Le maitre répondit : on doit

tenir compte des ressources de la maison. Comment apprécier cela ? dit Tze-
Yu. Si l'on a quelque avoir, reprit Kong-
tze, on ne doit pas manquer aux rites.
Si réellement on est pauvre et qu'on
réunisse simplement les mains et les
pieds et qu'on ensevelisse ainsi en lai-
sant descendre le cercueil dans la fosse,
qu'y a -t-il en cela de blâmable ?

Il est dit au Li-Ki : si l'on n'a pas
encore enterré, on ne change pas d'habits. On mange du riz à l'eau, on prend
pour siège une brique, pour couche de
l'herbe ; pour coussin un morceau de
branches.

Affligé de ce que son parent n'a point
encore d'asile, on ne peut ni manger,
ni dormir en paix.

65. Si les gens du siècle qui ont obtenu
une magistrature au loin, s'y sont rendus
et y meurent, leurs enfants brûlent leur
corps recueillent les cendres et les enterre.

Le bon fils aime le corps et les osse-
ments de ses parents, c'est pourquoi il

les enterre et les met à l'abri avec soin. La loi punit ceux qui détruisent ou endommagent les corps des étrangers morts, que dire des enfants qui traitent ainsi ceux de leurs père et mère.

Un certain Yang-Ling-Ki-Tze étant allé dans l'état de Tchi y perdit son fils et l'enterra à Ing-Po pour suivre le précepte de Kong-Tze. Ne pouvant aller l'enterrer chez lui, il lui était permis de le faire en cet endroit. Enterrer est bien mieux que brûler.

66. Le jour choisi et la fosse étant faite, on sacrifie au génie de la terre, et l'on fait un fossé enduit de chaux pour tenir la terre.

COMMENTAIRE. (de Tchou-Hi). A l'intérieur du cercueil on met ensemble de la chaux et du sable; ces deux substances se mêlant, forment un corps dur comme la pierre; on entoure tout le cercueil de poussière de charbon, cela le préserve de l'humidité, et les racines d'arbre ne savent point y pénétrer. Le charbon est brûlé et sans vie, les racines n'y pénètrent point. Le charbon enfoui en terre ne s'altère pas même après bien des années.

On ne peut employer, d'après la loi, des cercueils de pierre, mais il est permis de faire au cercueil une couverture de plusieurs gros blocs de pierre taillée [1].

67. Puis on fait une inscription sur la pierre et l'on prépare les objets spirituels (ming hi) [2].

COMMENTAIRE. On sculpte, en bois, un char, des chevaux, des serviteurs, des servantes, tout ce qui est en rapport avec le service et les usages du défunt, selon

---

1. Les cercueils doivent être de bois et très épais. Ils sont faits de deux couches de bois. Kong-tze avait prescrit que la première planche eut quatre pouces d'épaisseur et la planche extérieure, cinq pouces.

Les offrandes qu'on posait devant le cercueil étaient de la viande, séchée et en daupe.

2. Ils étaient appelés ainsi, (dit le commentaire du Li-Ki, II, 2, 1,45) parce qu'ils n'étaient pas réels ni propres à être employés par les vivants, mais simplement destinés à l'usage des esprits, à être employés spirituellement par les défunts, *shen ming i tao teh tche yeh*.

Les termes de Legge « vessels in imagination for the eye of fancy » ne rendent pas bien cela. Ce n'est pas non plus qu'ils étaient traité « as if they were spiritual intelligences. »

les temps. Le tout en miniature et comme naturel [1].

68. On suspend un rideau (en forme d'écran ou de tente, autour du cercueil). On y met une couverture de lit, une natte, une chaise, une table, etc., de la même façon.

69. Puis une corbeille de bambou, dans laquelle on met les oblations [2], la viande restée du repas ; on y ajoute cinq plats en bambous avec cinq genres de mets.

---

1. Il semble probable que ces objets étaient primitivement de forme et taille ordinaires et que même on enterrait parfois des hommes vivants dans le tombeau des princes. Outre que cela ressort des Kings, la crainte que Kong-tzè manifestait de voir apparaître ce criminel usage, montre assez qu'il y avait eu autrefois propension à le suivre.

2. Les fruits et grains. Les cinq mets sont des morceaux de bœufs, moutons, etc. de la viande séchée et marinée, des poissons. Autour du cercueil et sur la civière on élève des piquets auxquels on attache des toiles qui forment une sorte de tente.

Cette tente était recouverte pour les grands personnages. Le menu public mettait une sorte d'auvent ou de parasol par-dessus tout ; pour un magistrat inférieur il y avait un toit incliné en toile comme le reste, des banderolles portant des peintures de faisans, et différents autres ornements qu'il serait trop long d'énumérer. Cf. *Li-Ki* Sang-ta-Ki f° 28 et COMMENTAIRE.

70. Des vases : trois vases de porcelaine avec du vin et des condiments, de la sauce de viande.

Ssema Weng-Kong, dit : Tout ce qui est indiqué ici se pose à terre. On commence par applanir parfaitement le sol et l'on tire une ligne au milieu et sur le côté ; on creuse des emplacements pour les y déposer (de petits trous dans lesquels les vases peuvent entrer).

71. Un véhicule. Jadis ç'était un char de bois de saule ; sa forme et sa grandeur étaient bien déterminées. Aujourd'hui que cela ne se fait plus il faut bien suivre la coutume. Il suffit que la civière soit solide, bien polie, de mouvements doux.

72. Un écran de bois comme un parasol carré, avec différentes figures.

73. Un siège pour l'esprit, en bois de marronnier avec des degrés, carré de 4 pouces, épais d'un pouce et deux lignes. On y fait un trou jusqu'au fond pour y placer le support du siège de l'esprit (ou tablette). Ce corps est haut d'un pied, deux pouces, large de trois pouces et épais d'un

pouce et 2 lignes.On forme le haut en une tête ronde de 5 lignes. Le bas à un pouce.

Jadis pour le siège de l'âme on employait le mûrier. Quand le sacrifice de la fin de l'an approchait, on en faisait un nouveau en marronnier. Maintenant on emploie dès le premier moment le bois de marronnier. Si l'on n'en a pas on prend un bois dur et solide quelconque.

Tcheng-tze disait : Pour les femmes secondaires on fait aussi un siège de l'esprit, mais on ne l'introduit pas dans le temple. Leurs fils sacrifient chez eux. Le siège est fait, du reste, comme les autres.

B. *Enlèvement du cercueil; présentation aux ancêtres. Apprêt des instruments; libations, offrandes.*

74. Le jour qui précède celui où l'on enlève le cadavre on fait une libation et l'on annonce le transport (au temple ancestral).

Jadis on faisait une libation à la fermeture du cercueil. Aujourd'hui qu'on ne le cimente plus, cette cérémonie ne se fait pas.

On vient ensuite prendre le cercueil et on le porte au temple ancestral pour le présenter aux ancêtres, pour que le mort prenne congé de ses aïeux; de même qu'en son vivant il devait avertir ses parents quand il sortait et s'en allait [1].

On le transporte dans le Ting ou grande salle commune. Là les parents pleurent à tour de rôle. Ils font une libation, les hôtes en font autant, on présente les oblations [2] et apprête tous les objets nécessaires. On forme alors ce qu'on appelle le Fang-Siang [3].

1. Autrefois cela se faisait avant que le cadavre fût dans le cercueil. Le Li-Ki donne une raison bien moins élevée de cette présentation; cela se fait parce que le mort est censé quitter à regret sa demeure. Les anciens, dit le commentaire de Tchou-hi, suivaient le principe de respecter les esprits des morts et de les tenir à distance, c'est pourquoi ils mettaient le cadavre au cercueil dans le temple même, II, 2, 1, 43.

2. Comme précédemment note 2, p. 92. Les drapeaux d'enterrements ont pour les hommes, l'inscription : « Sincérité, droiture »; pour les femmes : « vertu ferme, soumission ». *Sin ts'eng k. l.*, VIII, f° 33.

3. Le *Sin ts'eng K. l.*, VIII, 33, nous en

Des assistants se déguisent et portent le bonnet et la robe des Tao-sse, tenant en main la lance et le bouclier. Les parents des 4 premiers degrés se mettent en carré sur quatre rangs. C'est le *siang*. Les autres se mettent sur deux rangs et cela s'appelle Ki-teou (tête de démom).

Après cela, on dépose sur une table tous les objets dont il a été parlé plus haut, rideau, écran, corbeille, l'inscription ou mention honorable accordée par le souverain. On pose le support et par dessus on dépose les offrandes de soie, parfum et cire. Ensuite on apporte le char de l'esprit (tukiyere moo) à côté duquel on place le grand éventail ou parasol et on le met aux mains des serviteurs [1].

donne une représentation. Les acteurs du *Fang-Siang* (ou garde en carré) ont un bonnet élevé et terminé par 4 pointes; la lance a trois pointes et deux feuilles recouvrant le bâton à la jointure du fer, un bouclier échancré au-dessus. Pour les Shi et le commun des mortels, le bonnet est plus petit et le fer de la lance recourbé comme une houlette.

1. Le cercueil est au fond de la salle, ayant au-dessus de lui et sur un support attaché au

75. Quand le jour décline, on fait la libation de sortie pour obtenir un heureux transport.

76. Ce jour même on emporte le cercueil, on le place sur le char et l'on fait la libation du transport.

Celle-ci se fait de la même manière que la précédente, à cela près que les femmes n'y assistent pas.

Les prieurs prennent alors les soies offertes au défunt, les placent sur le char et allument les parfums.

Le siège de l'esprit se porte sur un autre support derrière la soie.

77. On se met alors en route, en portant le cercueil. Les parents, ainsi que le

mur, les oblations de soie, etc. Devant le cercueil est une table à 4 pieds, portant des cassolettes et des bassins avec table et herbes pour les libations ; en avant un tapis rouge, puis un blanc. Au fond, à la gauche du spectateur, la bannière à inscription ; à droite et à gauche du cercueil et de la table, les places marquées pour les parents, selon leur degré. A droite du spectateur, au fond et caché à la vue, la place où les femmes vont pleurer ; des deux côtés, en avant, mais plus écartés, la place des serveurs des libations et des diverses classes d'assistants (*Sin-ts'eng K.-l.*, VIII, f. 3o).

chef de deuil, tant hommes que femmes, le suivent à pieds en pleurant. Puis viennent à leur suite, les assistants âgés et honorables, les personnes qui ne portent pas le deuil, enfin les amis et les invités.

Quand on est arrivé en dehors des murs, les parents et amis élèvent une tente [1] sur le bord du chemin, y déposent le cercueil et font une libation. Ainsi au milieu de la boue, ils se livrent à leur douleur et pleurent abondamment.

C. *Entrée au cimetière. Descente du cercueil. Sacrifice à la terre. Inscription sur la tombe. Monument.*

78. Avant qu'on arrive au cimetière, les gens chargés de cette besogne y pré-

1. Une tente, une hutte, en étoffe ou en branchage. Dans la cérémonie des sanglots, tout était également réglé et mesuré. Selon le degré de parenté on pleurait ou sanglotait avec bruit et plus ou moins fort. On sautait fort ou peu, ou même sans que le pied quittât le sol. Un jeune garçon ne devait ni sangloter, ni sauter, ni porter un bâton; à moins, pour ce dernier cas, qu'il ne fût fils héritier du défunt (Li-ki, XVIII, II, 2, 9 et 10 et COMMENTAIRE.)

parent une tente pour l'Esprit, une autre avec des sièges pour les femmes, les parents et les amis. Le *Fang-Siang* y entre alors. De leurs lances ils frappent la terre aux quatre coins du cimetière. On apporte ensuite tous les objets et ustensiles préparés pour le mort.

On les met à l'est et au sud, réservant le nord pour le côté d'honneur. Le char de l'esprit est alors introduit.

Les prieurs [1] présentent les soies offertes à l'esprit et les posent sur le siège de la tente, puis la caisse portant le siège de l'esprit (la tablette) derrière le premier et la soie; on verse une libation, cela fait, ils se retirent. Le cercueil entre. Le chef du deuil, et tous les assistants, hommes et femmes, s'avancent en sanglotant. Les hôtes et amis font leurs adieux et s'en vont.

---

1. Gens chargés de ce service, mais sans caractère sacerdotal. Ils sont appelés *Siao-tcho* « petits invocateurs », dans le Tcheou-li, par opposition aux *Ta-tcho* qui fonctionnent dans les grands sacrifices publics. Voir Tcheou-li, XXV, 1, 2.

On descend alors le cercueil dans la fosse. Le chef du deuil bouche tous les interstices avec de la chaux et remplit le trou de terre, maçonnant tout doucement.

Ensuite on sacrifie à l'esprit protecteur du lieu, au côté gauche du cimetière. Puis on met dans la fosse tous les objets apportés, on y descend la pierre commémorative. On répand de nouveau de la terre et l'on maçonne le tout de manière qu'il tienne solidement. On fait une inscription sur la tablette [1].

COMMENTAIRE. Si le mort était le père, on inscrit ses titres de magistrature, ses mérites signalés, son nom de temple, son nom d'honneur, le quantième. Sur le côté enduit de ciment, on inscrit le titre de magistrature, les titres de fiefs ou honorifiques, le nom posthume, le nom de préfecture et d'état.

---

[1]. Pour l'enterrement, on fait une tablette spéciale qui n'est point destinée au temple ancestral et qu'on brûle après l'achèvement des cérémonies. On enterre les morts la tête tournée du côté du Nord, région des ténèbres (Li-ki, II, 2, 3, 4).

A gauche, en bas, on écrit : Tel fils pieux offre avec respect. Si c'est une mère, on inscrit à la première place le titre, le nom de famille, le nom de temple, le nom d'honneur, le quantième. A la seconde, on écrit : Telle mère ayant tel titre, tel nom de famille, et à la troisième, la même chose.

Si le défunt n'avait ni magistrature, ni titre alors on lui fait un titre de son nom d'honneur qu'il portait vivant.

L'inscription achevée est placée par les prieurs sur le trône de l'esprit et par derrière, la cassette contenant la soie offerte.

On brûle des parfums, on verse du vin ; on prend le livre de prières et s'avançant du côté droit du président du deuil, le prieur s'agenouille et récite les prières prescrites. Elles portent ceci : ce fils orphelin, annonce au pays ces titres et qualités, ces noms de son père. Son corps est entré au cimetière, dans la tombe. Son esprit est retourné à sa demeure. Le trône qui lui est destiné étant achevé, profondément inclinés nous pensons à (ce cher défunt). Son esprit vénéré abandonnant les choses anciennes et suivant les nouvelles [1], pourrait-il rester ici, s'attacher à cette place ? Cela fait il embrasse (le trône) se relève et va à sa place.

Le chef du deuil se remet à se prosterner, à sangloter et à parfaire sa douleur. Si le défunt est une mère, la prière porte : « ce fils tendrement aimant, etc. » Si le mari de la défunte vit encore, qu'inscrit-on sur la tablette, comment sacrifie-t-on ? D'après Tchouhi, si ce mari est un personnage élevé, on le mentionne supplémentairement ; pour tout autre on ne le fait pas. Kao-shi dit qu'en toutes ces règles de préséance, d'inscription supplémentaire du nom du sacrifiant il ne faut jamais se départir des règles concernant le fils ainé. S'il a une maison à lui, il préside au sacrifice, il est chef ; les autres fils ne peuvent jamais être mis sur le même pied, ni sacrifier. S'ils le font, ils doivent en in-

1. Abandonnant les conditions terrestres pour entrer dans une vie nouvelle.

former l'aîné (et être autorisés). Si l'aîné n'est que *shi* et que les cadets sont *tai-fou* le sacrifice principal se fait dans la maison de l'aîné et dans l'annonce on dit : « tel fils pieux, puîné, fait ces choses à la place de son aîné ».

Si l'aîné est dans un autre royaume et les cadets n'ont point de temple, ils font un autel en vue du cimetière et y sacrifient. L'annonce porte que l'aîné les a commissionnés à cette fin. Si l'aîné est mort, on inscrit son nom sans ajouter le titre de « pieux ». Tel était le respect des anciens pour le droit d'aînesse.

79. Les prieurs reprennent alors le trône de l'esprit et le mettent dans le Kiao [1] (devant la caisse contenant la soie présentée en offrande).

Les employés enlèvent le siège de l'esprit vital et se remettent en route, tandis qu'un frère ou un fils resté en arrière entasse la terre pour remplir le trou et former un monticule.

---

1. Le char litière qui portait le cercueil.

Ils élèvent ainsi la tombe de 4 pieds (*Tchi*) et posent par-devant, une pierre sur laquelle on a fait une inscription ; puis on entoure le monticule d'une marche haute d'un pied.

Commentaire. (Extrait de Sse-ma Wen-Kong). L'inscription du tombeau, la forme de la pierre, quant à la grandeur, le nombre et le reste doivent être faites en observant les coutumes très scrupuleusement. Il en est de même de tout ce qui concerne l'enterrement, quelques soient le rang et les biens de ceux qui font enterrer.

Autrement les gens des âges suivants voyant ces choses ne sauront pas s'il n'y a point là de l'or et des pierres précieuses enfouis dans les tombeaux. Mais ces choses ne servent nullement aux défunts et lui nuisent, au contraire. C'est pourquoi la règle est que les tombes des grands soient semblables à celles des petits et non le contraire. S'il n'en est pas ainsi on accumulera là des choses inutiles ; ce sera un excès blâmable.

Les anciens, comptant parmi eux des gens de grands mérites et de vertu, gravaient leur souvenir sur les cloches et les chaudrons et conservaient ceux-ci dans le temple des ancêtres. Au cimetière ils plaçaient des inscriptions sur pierre (*fong-pei*), qui indiquaient le lieu ou était le cercueil.

Depuis les Tchin et les Han on a fait faire des inscriptions par les lettrés et l'on a gravé sur la pierre la louange, les vertus et mérites des grands hommes. C'est ce qu'on appelle *Pei*.

Cette coutume s'étendit de là dans le royaume du midi et l'on y prit l'habitude d'enterrer ce qu'on appelait *ming-tchi* (c'est-à-dire une qualification louangeuse décernée par l'empereur) dans le cercueil même.

La pierre qui a été élevée sur le tombeau de Ki-tcha [1] a été, disent les gens

1. *Ki-tcha* ou *Ki-tze* refusa la principauté de Wu après la mort de son frère, vécut en sage dans son petit état de Yen-ling et visita les autres principautés y donnant leçons et exemples. Vers 520. Très apprécié de Kong-fout-ze qui

du temps, posée par Kong-tze lui-même.
Hélas! dit-on, c'est de la vanterie étalée
sur la tombe. Pourquoi tant de paroles
sur le monument de Ki-tcha, c'est que
de la sorte la postérité saura qu'il fut
un sage. Quoiqu'il en soit, la coutume
actuelle est d'inscrire seulement le nom et
le nom de famille du défunt; les gens
le connaissent ainsi naturellement [1].

vantait sa connaissance des rites funéraires et
et sa fidélité à les observer. C'est pourquoi l'on
attribua l'épitaphe du prince au philosophe qui
avait été exprès à *Wu* pour voir comment *Ki-
tcha* procédait à un enterrement et s'instruire à
son exemple. Les paroles de Kong-tze commen-
tées nous donnent quelques détails sur ces pratiques. La fosse doit être faite ni trop a la super-
ficie ni trop profonde, car les eaux du sol pour-
raient s'y répandre. Les linceuils doivent être
faits selon la saison, plus chauds en hiver. On
fait un tumulus de terre, large et long comme la
fosse qu'il doit recouvrir entièrement mais, pas
plus; haut comme la tête d'un homme debout.
Après quoi on dénude son bras gauche pour in-
diquer le changement du Yang par la mort; on
tourne autour par la gauche pour montrer le
renouvellement, la réaction du Yin. Ainsi disait
Ki-tcha, les os et la chair, sont allés en terre
(c'est la descente du Yin); c'est l'ordre du des-
tin céleste. L'esprit va partout où il veut; (c'est
l'ascension du Yang). Sur quoi le commentateur
remarque: l'état d'esprit ou se trouve l'âme après
la mort n'appartient point à cet ordre naturel,
initial des êtres terrestres.
  1. Le sacrifice au génie du lieu était des

D. *Retour du cimetière.*

80. Tout cela fini, on revient en sanglotant.

Tous les assistants, ainsi que le chef de deuil, suivent le char portant le siège de l'esprit et sanglottent chemin faisant. On marche lentement. Arrivés à la maison et dès qu'ils voient la porte, ils sanglotent de nouveau. Les prieurs prennent la tablette et la posent sur le siège de l'esprit du mort, puis vont la remettre en son armoire, apportent la caisse aux soie des oblations et la placent par derrière. Les hommes vont ensuite sangloter dans la grande salle (*Ting*); et les femmes vont en faire autant dans leur quartier [1].

plus simples ; un petit tertre était formé, ou la terre simplement bien nettoyée ; on offrait, dans des vases de terre, des fruits et légumes.

1. En revenant du cimetière et rentrant à la maison, les enfants doivent éprouver un nouvel accès de douleur, on doit donc de nouveau leur faire ses condoléances. Jadis on les faisait au cimetière même, coutume que Kong tze blâme comme grossière.

Jadis, d'après Yang-Fou, c'était dans
le temple des ancêtres qu'on allait pleurer; puis on revenait dans la salle de
réception où les parents se tenaient, ou
bien dans la salle à manger qui servait
comme telle aux parents; mais d'abord,
dans l'un ou l'autre cas, ils allaient au
temple.

Selon Tchou-hi, ils vont dans le
Ting-Sse après que les femmes sont ren-
trées en leurs appartements. Les coutumes de son temps ne sont plus celles
de l'antiquité. C'est depuis que l'on n'a
plus de temple, mais simplement des
salles d'ancêtres, des lieux de sacrifice
étroits.

Le Ting-Sse est le lieu des sacrifices
et offrandes; c'est l'endroit où le maître
et la maîtresse de la maison ont leurs
provisions et magasins.

81. Après cela, tous les hommes vont
encore pleurer devant le siège de l'esprit,
s'il y a quelque visiteur présent, il se
prosterne comme précédemment. Les
parents portant un deuil d'un an ou de

neuf mois peuvent boire du vin et manger de la viande, mais ils ne peuvent point assister à des fêtes ou à des banquets.

Ceux qui ont un deuil de neuf mois ou de cinq mois et moins, et ont dû habiter un quartier particulier [1], peuvent s'en aller chez eux.

E. *Sacrifice d'apaisement.*

82. Le jour même de l'enterrement, vers midi, on offre un sacrifice pour apaiser, satisfaire les Mânes [2].

1. Dans les grands deuils on doit quitter ses appartements ordinaires et aller habiter un quartier latéral, dépourvu de tout luxe. Jadis même on construisait une hutte dans la cour ou tout au moins des chambres dont les murs étaient de briques nues. Le souverain seul avait une enceinte à son réduit. Après l'enterrement on platrait les murs intérieurs. Pour un petit deuil, on changeait d'abord, mais on reprenait son quartier dès que l'enterrement était passé.

2. On pose une table, et sur cette table une natte; sur la natte on dépose les offrandes, viandes, fruits, riz, vin, etc. Au *Ta-Siang* (voir plus loin), on met les offrandes sur la table, sans natte. Commentaire du Li-ki II, 2, III, 11.

Le tout est posé devant la tablette mise sur son piédestal; jadis c'était devant le représen-

Si le cimetière est loin, il suffit de ce sacrifice; si pour s'y rendre, il faut déloger plus d'un jour, on fait cette cérémonie dans une tente.

Voici le but de ce sacrifice d'après Yang-fou. L'esprit ne pouvant se réunir au corps qui est dans la terre, est dans la peine et l'inquiétude. Tout fils pieux sacrifie trois fois pour le mettre en paix et repos. Et Tcheng-Ki dit : quand le corps est allé à la terre, l'esprit n'a plus de lieu propre où aller. Un fils pieux y pense avec compassion et le met en repos en sacrifiant trois fois.

83. Pour ce sacrifice, tous les parents y compris le chef du deuil, prennent un bain; les gens de service préparent tous les objets nécessaires et les posent en offrande; les prieurs apportent le siège de l'esprit et le placent sur son piédestal. Tous alors entrent et pleurent. On appelle et fait descendre l'esprit; les prieurs

tant du défunt. Pour le sacrifice de repos, on va sans bonnet avec la ceinture de chanvre grossier aux pendants de 5 pouces (*Y-li hoc l.*).

présentent les mets ; c'est le premier sacrifice.

Le livre de prières dit que l'on doit être, dès l'abord, grave et plein de tristesse, comme abattu, pour se mettre à l'œuvre.

Au second sacrifice, comme au troisième et dernier, on prépare les aliments. [1] Tous, avec le président [2], sortent et les prieurs ferment la porte. Ils l'ouvrent ensuite et tous rentrent pour venir pleurer et dire adieu à l'esprit du mort. Les prieurs enterrent la soie offerte, et l'on ne fait plus de libation ni soir ni matin.

Au jour pair on fait le second sacrifice d'apaisement ; le troisième se fait au jour impair [3].

1. Les offrandes ordinaires. Voir plus haut.
2. Il dépose alors son bâton en signe d'apaisement de la douleur. On sort et ferme la porte pour la descente de l'esprit ; pour que personne ne le gêne.
3. Il y en a trois comme on le voit plus loin, les suivants se font au jour pair, puis au jour impair, qu'indique le sort. Pour les hauts fonctionnaires et les princes on en faisait cinq et sept.

Si le cimetière est loin et qu'un jour impair arrive tandis qu'on est en route, on arrête la chose, on retourne à la maison et l'on y fait le sacrifice [1].

F. *Cessation des pleurs.*

84. Il est dit au chapitre T'an-Kong : le jour où l'on cesse les pleurs est dit jour de *l'achèvement de l'affaire.* Ce jour-là on change le sacrifice de deuil, contre celui de bonne fortune. Aussi, à dater de ce sacrifice, on emploie petit à petit les cérémonies de joie et d'heureux augure. (Voir plus loin § 85 fin).

Le jour pair qui suit le troisième sacrifice, on interrompt les pleurs et l'on fait le sacrifice approprié.

1. Après ces sacrifices on dépose définitivement la tablette du mort dans la chapelle ou caisse, au temple ou à la salle des ancêtres. Les parents changent alors d'habits. Les nouveaux se distinguent par le plus grand nombre de lès d'étoffe dont ils sont composés, (Li-ki XXXIV, 9) cela va de 3 à 15, et chaque lé est formé de quatre-vingt fils de soie (COMMENTAIRE, *ibid.*), cp. Y-Li I, 17, 5.

La veille on prépare les ustensiles et les offrandes. Le jour même on se lève de bon matin et l'on présente en offrande des légumes, des fruits, du vin et du riz. Quand le jour est plein, les prieurs apportent le trône de l'esprit. Tous, y compris le chef du deuil, viennent pleurer, font descendre l'esprit. Le chef du deuil, homme ou femme, présente les aliments indiqués. C'est la première offrande.

COMMENTAIRE. Après le 3e sacrifice a lieu la cessation des pleurs. Ayant accompli toutes les cérémonies avec une profonde douleur, on annonce que le lendemain on ira sacrifier à l'ancêtre de telle fonction et contrée. A la seconde et troisième offrande, on présente des aliments (comme à la première); après quoi, on ferme la porte, puis on l'ouvre et l'on prend congé de l'esprit du mort.

Après cela ni soir ni matin [1], quand même on serait accablé de douleur, on ne pleure plus.

---

1. On ne pleure, en règle, que le matin et le soir.

Jusqu'à ce sacrifice, le chef du deuil, les frères du défunt ne mangent que du riz à l'eau et ne boivent que de l'eau. Ils dorment sur une natte avec la tête sur une planche.

Avant l'enterrement on fait des libations, mais point de sacrifice. On présente un goblet de vin, on offre des aliments et l'on se prosterne deux fois. Avec la cérémonie d'apaisement on commence les rites du sacrifice ordinaire. Celui de la cessation des pleurs est dit sacrifice de joie ou de bonheur.

G. *Sacrifice d'accompagnement (fu)* [1].

85. Il est dit au chapitre T'an-Kong : Sous les In on faisait ce sacrifice après avoir pris les habits *lian* (Voir p. 119).

---

1. En l'honneur d'un défunt comme étant allé rejoindre ses aïeux ; en leur commun honneur, pour leur associer le nouveau venu dans l'autre monde, lui assurer une bonne réception, la faveur de ceux qui l'ont précédé. On les accompagne ainsi dans leur voyage et les associe aux autres défunts. Cp. *Y-Li* I, 17, 1.

Sous les Tcheous c'était après le sacrifice de cessation des pleurs. Kong tze approuva les In. Ceci s'explique de cette manière : Après un an on traite le mort comme un esprit pur. Le sentiment de l'homme est tel.

Les rites des In ont péri, on ne peut plus saisir leur fondement ni leur but. Aussi pour le troisième sacrifice, comme pour celui-ci, on suit maintenant les rites des Tcheous. Ainsi l'on ne peut plus uniquement suivre ceux des In.

86. Le lendemain de la cessation des pleurs, on fait le sacrifice dit d'accompagnement on prépare tout, comme pour le sacrifice de la veille, ustensiles et offrandes.

Kao Shi dit : s'il s'agit de la mère on joint la tablette de la grand'mère à la sienne mais pas celle du grand-père. Si, en ce cas, le père vit encore on ne bouge point la tablette de la grand'mère. On prépare un local différent pour y placer cette tablette, et l'on attend que l'on puisse y associer le père. Quand on peut réunir ainsi père et mère (que tous deux sont morts) alors on associe en même temps, grand-père et grand'mère.

Yang fou dit : Si le père est vivant quand on fait le sacrifice d'accompagnement pour la mère, le père doit présider et fait le sacrifice d'accompagnement de sa femme vers la grand-mère.

Si le deuil de trois ans est fini avant qu'on ait ôté la tablette (p. 26, n.), on fait le sacrifice pour conduire la mère vers la grand'mère. Mais on attend que le père ait transporté celles de grand-père et grand'mère, qui doivent être d'abord transportés ensemble dans leur chasse.

D'après Kao-Shi, tant que le père vit on ne transporte pas la tablette de la grand'mère et il en est ainsi; mais on ne présente pas la tablette dans un autre local, comme il le dit.

Pour ce sacrifice on se lève tout au point du jour et l'on présente les légumes et fruits, le vin et le riz. Tous, y compris le Tchou, vont pleurer devant le siège de l'esprit, passent de là au temple, prennent et apportent le trône de l'esprit et le placent sur le siège piédestal ; de là ils le reportent au temple, à sa place puis viennent à tour de rôle saluer l'esprit, le font descendre tandis que les prieurs présentent du riz.

Arrivé au temple devant les grands parents on lit un passage du livre des prières : « Ce fils pieux ayant préparé cet agneau pur, ce riz, ce vin doux, offre ce sacrifice, *fu*, à tel grand-père de tel titre, lui associant tel petit-fils, de telle dignité. Qu'ils daignent l'agréer et le recevoir ».

Ce disant, on ne pleure pas.

Pour une femme on dit : « A telle grand'mère de telle famille, ainsi titrée, associant telle petite-bru, de telle famille portant tel titre, ce sacrifice est offert. »

On fait ainsi une deuxième et troisième offrande, on présente des aliments ; on ferme la porte, on l'ouvre, on prend congé de l'esprit ; le tout comme à la cessation des pleurs, mais on ne pleure pas.

Les prieurs prennent la tablette et on la reporte à sa place.

Yang fou dit : selon les rites de Sse-ma Wen-Kong et le Kia-li, lorsqu'on a fait le sacrifice d'association, on s'en retourne et le chef du deuil s'en va en ses appartements. C'est ce que veut dire la fin de ce chapitre.

G. *Petit Siang* [1].

87. Quand la première année de deuil est écoulée on fait le petit Siang. S'il y a un mois intercalaire dans l'intervalle on n'en tient pas compte et l'on s'en tient à 13 mois.

Jadis on demandait au sort le choix du jour ; maintenant, cela se fait toujours le premier de l'an pour la facilité ; la deuxième année on en fait de même pour le Ta-Siang.

La veille du Siao-Siang, tous unis au

---

1. *Siang* veut dire bonheur joie. C'est-à-dire qu'on reprend les cérémonies qui n'ont point un caractère de deuil, les cérémonies ordinaires. — Après le Siao-Siang on mange des fruits et légumes sans condiments. Après le Ta-siang on mange des légumes assaisonnés, des daupes, etc. (Siao-Hio V, 71 et com.)

chef du deuil, se baignent et préparent tous les objets et les offrandes ainsi que le lieu du sacrifice ; ils prennent les habillements de la seconde année de deuil (*lian*) [1].

Levés de bonne heure, le jour du sacrifice, ils présentent légumes et fruits, vin et riz. Au lever du jour, les prieurs vont chercher la tablette. Tous unis au président viennent pleurer, puis sortent, vont changer de vêtements, rentrent et pleurent encore, font descendre l'esprit et lut font une troisième offrande. On récite une prière du rituel. Cette prière dit qu'arrivés au Siao-Siang ils accomplissent ces cérémonies, abattus par la douleur.

1. Habit de fine soie, teinte. Autrefois on portait des habits de chanvre un peu moins grossiers que ceux de la première année. Les fils du défunt pouvaient faire plâtrer les murs de leur quartier de deuil. Au cas d'un deuil d'un an on prenait ces habits de soie au onzième mois, on faisait un *Siang,* puis un *Than* (Voir plus loin) le dernier mois, et ainsi le deuil finissait. Après le *Than* on mange d'abord de la viande séchée, on prend du vin qui doit être versé d'une nuit pour avoir un goût peu agréable (S. H. V, 72 com.) Puis on reprend ses habitudes.

On engage l'esprit à manger, on ferme la porte, puis l'ouvre, on prend congé de l'esprit ; après quoi on ne pleure plus ni soir ni matin.

Si le 15 du mois avant d'avoir ôté leurs premiers habits de deuil, ils rencontrent ou reçoivent quelqu'un, ils se mettent à pleurer, Si après cela même, ils rencontrent un parent qu'ils n'ont point encore vu, bien qu'ayant changé leurs habits, ils pleurent à sanglot l'un et l'autre et après avoir épuisé les témoignages de la douleur ils se saluent et se font politesse.

Dès qu'ils ont déposé les premiers habits de deuil, ils mangent des légumes et des fruits.

COMMENTAIRE. — Interrogé sur le sacrifice à faire après l'année révolue, en cas de deuil d'une épouse, Tchou-hi répondit : ceci n'a pas été examiné. D'après Sse-ma Wen-Kong, après la première et la seconde année tous doivent faire le *Siao* ou le *Ta Siang*, dès qu'ils ont déposé les habits du deuil de l'année écoulée. Donc si le chef du deuil sacrifie après avoir ôté ces habits il ne peut être mal d'assister à ce sacrifice. On ne peut seulement y venir avec ses habits de fête de couleur unie. On doit porter le costume des visites de condoléance le jour de la mort d'un parent.

H. *Le Grand-Siang.*

88. A la fin de la seconde année a lieu le sacrifice dit *Ta-Siang*. Le jour précédent, on se lave, on prépare les vases et ustensiles, on apprête les offrandes. Le tout comme au petit ou Siao-Siang.

On met en ordre les habits de troisième année de deuil (*Than* [1]) et l'on va annoncer la chose dans le temple des ancêtres.

Quand l'annonce est faite on change la tablette à inscription selon le mode de l'élévation en titre et on pose la (première) [2] tablette du côté de l'ouest, on

---

1. On dépose les habits de deuil proprement dits; on orne les appartements de deuil. Les vêtements sont seulement plus simples.

2. La tablette faite exprès pour le deuil ; on en fait une nouvelle qui doit rester dans le temple ou la salle.

laisse un espace vide à l'est pour y placer la nouvelle. (L'ouest désigne la châsse commune).

Toutes les cérémonies se font comme au petit Siang. On change uniquement, dans les prières, les mots Siao-Siang en Ta-Siang et l'on dit « cérémonie de prospérité » au lieu de « cérémonies communes. »

Cela fait, les prieurs prennent le siège de l'esprit et le portent dans le temple, on les suit en pleurant jusqu'à ce temple où l'on cesse les pleurs. Puis ils prennent le siège de l'esprit, brisent un bâton et le mettent à côté et vont enterrer la tablette à côté du tombeau. Dès lors on peut prendre du vin et manger de la viande ; chacun rentre dans ses appartements ordinaires.

Le sacrifice d'association et le transfert des tablettes ont lieu tous deux à l'occasion du sacrifice de fin de l'an. La veille on offre du vin et des fruits, on annonce la chose et sacrifie ; on change l'inscription puis on écarte la tablette à l'ouest et on laisse une place vide pour la nouvelle.

Le même matin, le sacrifice de l'année étant achevé, on prend la tablette de l'esprit et on la porte dans le temple. Voilà la doctrine du Kia-li. Dans une lettre à ses disciples Tchou-hi répète que l'association et le transfert se fait après le sacrifice de fin d'année, que l'on prend les tables préparées et porte tout droit la tablette au temple des grands-parents. Le sacrifice de la troisième année ayant été fait on transporte la tablette, ainsi on suit l'ordre des générations et l'on range les tablettes en ordre successif. (P. 26, n.)

Ces prescriptions sont d'une haute gravité, on ne peut omettre le sacrifice et se contenter d'offrir du vin et des fruits avant de transférer la tablette d'un défunt.

Le Li-Ki porte que pendant le deuil de trois ans, on ne sacrifie pas. Aussi Tcheng heng-kiu dit qu'après les trois ans on va au temple et y sacrifie. Après cela si l'on doit transporter une tablette d'ancètre, on le fait à ce moment. On doit se conformer à la pensée et aux prescriptions des rites. Le Maître s'y conformait avec soin.

I. *Fin du deuil* THAN.

89. Au mois intermédiaire qui suit le Ta Siang, on offre le sacrifice dit *Than* et l'on dépose les habits de deuil. C'est donc au second mois qui suit le Ta-Siang. On ne compte pas le mois intermédiaire; aussi depuis le commencement du deuil jusqu'à sa fin il y a 27 mois [1].

Sse-ma Kouang dit au sujet de ce passage qui est tiré du Shi-Yu-li. « Au mois du milieu a lieu le *Than* ». C'est ce que Tcheng Keng tcheng explique comme il suit. Le mois du milieu est le mois intermédiaire des saisons, il y a un mois d'intervalle entre ce mois et le terme qui est en rapport avec lui. *Than* est le nom d'un sacrifice. Depuis la mort jusqu'à ce moment, il y a vingt-sept mois en tout.

Les gens de la principauté de Lou fai-

---

1. Ce n'est en réalité que 26 ou même 25 comme on voit plus loin.

saient ce sacrifice, le matin du jour où finissait le deuil, et chantaient le soir même, Tze lou les blâmait, pour cela. Mais Kong-tze reprit : Si le mois est révolu cela est bien.

Il est dit au Than Kong [1]. En ce mois on dépose les habits de deuil. Quand le mois est passé on fait de la musique.

Au San niyen wen [2] il est dit : un deuil de 3 ans finit au 25e mois, c'est pourquoi la règle est qu'on dépose les habits de deuil au mois intermédiaire. Le sacrifice qui consacre cette fin de deuil a lieu au 2e mois après la deuxième année révolue.

Jadis beaucoup suivaient la décision de Tcheng-k'eng-tcheng. Aujourd'hui les lois ont statué qu'un deuil de 3 ans doit être déposé par tout le monde après 27 mois. On ne peut faire autrement.

89. Dans la troisième décade du mois précédent on désigne un jour par le sort. La veille du jour ainsi désigné on se lave,

1. Livre II du Li-Ki.
2. Livre XXXV du même ouvrage § 3.

on fait un siège de l'esprit, on prépare les ustensiles et offrandes, on met le siège sur le piédestal, on fait tout en ce jour comme il est fixé pour le Ta-siang.

On se rend au temple ; les prieurs portent la caisse contenant le siège et le mettent du côté de l'ouest devant la marche. Ils en tirent la tablette et la mettent sur son piédestal. Tous viennent y pleurer et manifester leur profonde douleur, aux deux premières oblations ; mais à la troisième on ne pleure plus. En récitant la prière, au lieu de « ils sacrifient à la 2ᵉ année » on dit : « ils sacrifient pour la déposition des habits de deuil ».

En prenant congé de l'esprit, ils pleurent encore et témoignent dela plus grande douleur ; mais en rapportant la tablette au temple, ils ne pleurent plus.

Autrefois on ne sacrifiait pas pendant le temps du deuil ; on n'en quittait pas un instant les habits, les pleurs et les lamentations ne cessaient pas un instant de se faire entendre. Quoiqu'on fît, on ne le faisait pas comme de coutume. Aussi bien qu'omît les sacrifice au temple des ancêtres, on n'encourait aucun blâme ni public ni privé.

Maintenant il en est tout autrement. Du moment où ils cessent les pleurs, les gens du jour changent leurs habits et les portent noirs [1]. En tous leurs actes, aller, venir, être en repos ou en action, parler boire et manger, ils font tout comme à l'ordinaire et n'ont qu'un extérieur affligé. Ils craignent seulement de ne point être à l'aise.

Ceux qui veulent rester fidèles au devoir doivent s'observer eux-mêmes et suivre exactement les rites.

Au jour des sacrifices des quatre saisons, pour faire les libations et offrandes sur la table et la natte, si l'on porte le deuil, on peut prendre un habit noir et faire les libations ordinaires.

1. Le noir est la couleur ordinaire en Chine, le blanc-grisâtre de la toile écrue est celle du deuil.

CHAPITRE IX

§ 1. *Sacrifice des quatre saisons* [1].

90. Ce sacrifice se fait au mois médial. Pendant la première décade on tire le jour au sort. Si cela ne se peut on prend le jour du milieu du mois [2].

---

1. Voir *Li-ki*, IV, XX, XXI, XXII et passim III, 3, 5 ss. *Sin-ts'eng k. l.* VIII, fº 4 ss. *Siao-Hio*, II, 60 et *Y-li*, XXII, p. 2, 1; p. 3, 1 et les deux derniers chapitres.

2. D'après Tchang-y-tchouen, on doit avoir un temple et dans ce temple une table-autel pour y déposer les tablettes des ancêtres. Chaque mois on y offre les prémices du temps. Trois fois par an au milieu de l'hiver, du printemps et de l'automne on apporte et pose les tablettes sur la table, sur des piédestaux à ce destinés, pour y faire les offrandes et libations. Le sacrifice d'hiver est pour l'ancêtre originaire, les deux autres pour les ancêtres défunts en général. En outre, au jour anniversaire de la mort des pa-

Sse-ma-kouang dit à ce sujet, d'après le Wang-tchi : si les Tai-fous et les Shis ont des champs ils sacrifient ; s'ils n'en ont pas, ils présentent seulement des offrandes. Pour les sacrifices ils prennent le commencement du premier mois [1] ; pour les offrandes, le mois du milieu.

Dans les Coutumes du sacrifice domestique par Meng Sian, il est dit que les sacrifices des saisons doivent avoir lieu aux deux solstices et aux deux équinoxes. Encore aujourd'hui les fonctionnaires qui, vu la besogne incessante de leurs fonctions, ont dû demander un congé pour pouvoir sacrifier au 11e mois, doivent, s'ils le font, tirer le jour au sort. S'ils ne peuvent le faire ils s'en tiendront aux règles de Meng-Sian.

---

rents, on porte également sa tablette au temple et y sacrifie.

Pour l'horoscope des jours, etc. Voir *Y-li ; Sect. tu-kao*, VII (dernière), § 1, 3.

1. Le premier mois est réservé aux sacrifices publics des grands fonctionnaires pour le peuple et la contrée soumis à leur juridiction. Les sacrifices et offrandes domestiques se font au deuxième (V. la *Siao-hio*).

Quant au bétail du sacrifice, d'après Ho-siu, les Taifous sacrifient un agneau et les Shis, un porc. Pour le commun il n'y a pas de genre d'animal déterminé. Au printemps on offre des petits oignons [1], en été du froment, en automne du millet, en hiver du riz.

Au premier on joint des œufs, au second un poisson; au millet, de la chair de porc; avec le riz on offre une oie.

Les prémices [2] que l'on offre doivent être également en relation convenable.

Les accompagnements divers ne doivent pas dépasser en importance l'animal, la chair du sacrifice, lui être supérieur en genre. Ainsi quand on offre un agneau, on ne doit pas y joindre de la chair de bœuf, et ainsi de suite.

Aujourd'hui on n'offre plus guère d'animaux domestiques; on se contente de légumineux.

---

1. Une sorte de petit ail.
2. Les premiers produits du temps; ils doivent être choisis parmi les légumes, grains etc. qui ont le plus rapport avec l'objet principal.

91. Trois jours avant le sacrifice, on se purifie et jeûne [1]. Les hommes le font dans le quartier extérieur; les femmes dans le quartier intérieur, sous la direction du président ou de la présidente des cérémonies.

Après le bain on change d'habit. On ne boit point de manière à s'énivrer, on mange de la viande mais sans assaisonnement, sans condiment. On ne fait point de visite de condoléance, on n'écoute point de musique, on ne touche rien de souillé, de mauvais.

1. Les jours de jeûne prescrit, on jeûne complètement intérieurement et extérieurement. On s'abstient de coïtus, de banquets, de visite, de musique; on reste chez soi occupé à purifier son cœur; on ne boit point de vin; on ne mange aucun met délicat, aucune viande savoureuse (bœuf, veau, mouton, oie, pigeon etc.), aucun assaisonnement. On pense constamment à ses ancêtres on voit leurs traits, leurs actes, leurs volontés. Au sacrifice on vient recueilli, comme si l'on voyait et l'on entendait ses parents défunts, on s'imagine entendre leur voix, le bruit de leurs pas, on se remplit le cœur de piété filiale. Au sacrifice du printemps dans la rosée et la pluie, à l'automne en foulant aux pieds le verglas pour aller au sacrifice, on a le cœur affligé pensant à leur dépouille mortelle et à leur éloignement. V. Siao-Hio II, 59 à 62 et *Com.* de Tchen Siuen. On prépare tout sur la table.

92. La veille du jour du sacrifice on consacre la place et l'on prépare les vases et ustensiles.

Les gens du jour ne sacrifient pas à leur trisaïeul, dès qu'ils ont pris le deuil. D'après Tcheng-tze, c'est très mal agir; chez lui on le faisait, dit-il.

Depuis le fils du ciel jusqu'à la foule, tous ont 5 espèces de vêtement de deuil et rien de plus. Tous étendent le deuil jusqu'au trisaïeul; les offrandes et sacrices doivent être faits pour tous selon les règles. D'après ces paroles on doit porter le deuil du trisaïeul et ne point omettre le sacrifice. Que l'on ait sept ou cinq temples ancestraux, il en faut un où l'on honore le trisaïeul et cela s'arrête-là. Que l'on ait à la maison, trois ou une seule salle de sacrifice, il faut y avoir une place pour le trisaïeul. Y faire des différences du plus ou du moins c'est probablement ne point comprendre la cause fondamentale du sacrifice [1].

1. Le sacrifice et l'usage des tablettes doivent aller jusqu'au trisaïeul, sans compter l'ancêtre

Bien que le chap. Tchi-fa [1] ne dise pas que le sacrifice s'étend jusqu'au trisaïeul, il établit cependant des différences entre les divers sacrifices et offrandes mensuels.

Jadis comme on peut le voir on faisait des différence du plus au moins dans les sacrifices et offrandes d'après le degré plus ou moins rapproché de la parenté.

« Les tai-fou et les employés doivent s'adresser au prince pour obtenir de pouvoir vaquer ou sacrifice et l'offrir jusqu'au trisaïeul. » Ainsi disent les autorités en fait de rites. Ainsi en élevant trois

originaire dont le culte ne cesse jamais. Négliger le trisaïeul comme trop éloigné c'est méconnaître le motif et le but du culte qui est de faire honorer les progéniteurs, respecter la descendance commune, l'esprit de famille, les devoirs de respect et d'obéissance, d'amour et d'union.

1. Le livre XX du Li-ki. Il règle le nombre de temples, d'autels, de sacrifices, pour chaque catégorie, depuis le souverain jusqu'aux mandarins inférieurs mais ne parle du trisaïeul que pour le roi. Celui-ci et les chefs féodaux doivent sacrifier tous les mois, les officiers supérieurs à chaque saisons; les mandarins inférieurs et le commun des mortels ne le faisaient point et et laissaient leurs ancêtres à l'état de *Kvei* (esprit abandonné) § 57. Ceci prouve que le culte des ancêtres n'est point contemporain des fondateurs de la race chinoise mais s'est formé et développé aux temps historiques.

miao on doit sacrifier jusqu'au trisaïeul.

Lorsque deux frères habitent en des
endroits différents, comme ils gardent
un miao commun, l'aîné seul y sacrifie
et le cadet l'assiste et offre le sacrifice avec
lui. S'ils sont très éloignés l'un de l'autre,
l'aîné présente la tablette chez lui ; le cadet ne peut en ériger, mais au temps du
sacrifice il peut présenter une tablette au
défunt. Il la fait en papier, y met une
inscription et la brûle après la cérémonie.

Ainsi l'on observe les différences des
rites.

93. On consulte le sort pour le choix
de la victime ; puis l'on prépare tous les
objets nécessaires et les offrandes.

On se lève de bon matin et l'on vient
offrir des légumes, des fruits, du vin et
du grain.

Le jour venu on prend la tablette et
on la pose sur son piédestal ; on fait les
prosternations devant l'esprit.

D'autres manuels prescrivent de faire
ces prosternations avant d'avoir fait des-

cendre l'esprit; mais c'est certainement moins bien.

Quand on a placé la tablette sur son siège alors on se prosterne et vénère, c'est pourquoi les hommages rendus à l'esprit doivent précéder la descente; Quand on en arrive à la libation et qu'on est prêt à offrir le vin, on en présente d'abord à goûter à l'esprit puis on le fait descendre; ceci doit donc venir après.

Mais quand on sacrifie d'abord à l'ancêtre originaire et aux aïeux on pose un trône vide et point de tablette, alors il faut commencer par faire descendre l'esprit, puis le vénérer. (Car alors il n'est point représenté). On ne doit jamais manquer à ces prescriptions.

94. Après les prosternations on fait descendre les esprits. A cette demande : après l'offrande du vin comment doit-on poser celui-ci ? Tcheng-tze répondit : Jadis on faisait descendre les esprits en répandant le vin des libations. On versait le vin au milieu d'herbes. On cherchait les esprits dans le Yin et le Yang, entre

les principes positifs et négatifs. On versait ainsi le vin à terre. Quand on disait : faire une libation de vin, c'était procéder de cette manière. Actuellement on jette directement le vin à terre (sans herbe); ce qui est très mal.

Pour faire la libation de vin il y a deux manières différentes; l'une consiste à verser le vin à terre en invitant l'esprit à descendre; cela n'appartient qu'au fils du ciel et aux chefs féodaux; l'autre consiste à présenter simplement le vin.

Jadis en mangeant et buvant on offrait les mets aux esprits. Maintenant on dit que les esprits et les mânes ne pouvant sacrifier on le fait à leur place. Aussi tout en s'en tenant à la lettre des rites on en viole l'esprit. On ne peut l'ignorer.

Yang-fou disait : quand on fait descendre les esprits et fait une libation, on doit répandre le vin complètement. A la troisième oblation on présente encore le vin mais on ne le verse pas à terre.

A la première fois on prend le verre destiné aux trisaïeul et trisaïeule et on le vide sur des herbes. On fait la libation au nom de l'esprit.

Au Li-Ki il est dit simplement de verser une petite partie à terre.

95. Les trois oblations se font de la manière suivante :

Première oblation.

On présente les mets.

Le Tchou (président au sacrifice) s'avance et se place devant le siège du trisaïeul et se tient tourné vers l'est, portant en main le verre de ce trisaïeul. Les assistants se tiennent à l'ouest et remplissent ce verre de vin. Le sacrifiant le prend et le pose en offrande. Il en fait alors autant pour le verre de la trisaïeule. Deux assistants placés à droite et à gauche remplissent ce verre de la même façon. Le sacrifiant s'agenouille et les assistants font de même. Le premier prend alors le verre du trisaïeul, le tient de la main droite et répand le contenu sur les herbes. Il en fait autant du verre de la trisaïeule puis s'incline profondément, recule un peu et s'arrête. Les prieurs alors prennent le rituel et vont se placer à la gauche du sacrifiant; ils se mettent à genoux et lisent. Le sacrifiant se prosterne et recule; puis il s'avance vers le siège de l'esprit, présente ses offrandes, comme précédemment. Tous s'avancent vers le même siège, chacun à son tour, et prient. Lorsque les prières sont finies tous les fils et frères et tous les hommes qui ne prennent point part à la seconde et à la troisième oblation viennent près du siège posé pour cette cérémonie, et présentent le vin selon la règle, mais ne récitent aucune prière. Après cette oblation tout le monde se retire et s'en retourne à sa place.

Seconde oblation.

C'est l'officiante [1] qui fait cette obla-

---

1. L'épouse, ou fille ainée, ou sœur du sacrifiant. Les femmes, dit le rituel, assistent les officiants, préparent les vases, offrandes, etc., et aident dans les cérémonies.

tion. Toutes les femmes qui y prennent part présentent la viande rôtie, et chacune fait son offrande à part. Les rites sont les mêmes que ceux de la première ; mais on ne lit aucune prière.

Ainsi dit Tchou-hi, le chef du sacrifice fait la première oblation, la sacrifiante fait la seconde ; s'il n'y a point de femme qui préside ainsi au sacrifice, alors un frère cadet (du sacrifiant) le fait à sa place.

Yang-fou dit que la seconde oblation se fait comme la première. Le Kia-li de Tchao-tcheou porte ces mots : « Seulement on ne répand pas le vin sur des herbes. Quand il est dit qu'on le fait c'est qu'on entend qu'on sacrifie alors en lieu et place de l'esprit.

Le *Shi-Li* porte : le chef sacrificateur, fait la première oblation au Shi (représentant du mort). Le Shi reçoit la libation ; après quoi le chef vide le verre de vin. La sacrifiante fait la même chose à la seconde oblation. Les hôtes et gens honorables qui assistent au sacrifice font la troisième. Le Shi la reçoit également et vide la coupe. D'où il est dit ailleurs qu'à la troisième oblation tous versent le vin dans les herbes ; ainsi l'on a changé les rites [1].

Les anciens en mangeant et buvant, sacrifiaient à l'ancêtre originaire : ils sacrifiaient aux esprits extérieurs et le faisaient spécialement pour ces esprits.

Troisième et dernière oblation.

Elle est faite par l'aîné ou le plus âgé des autres frères présents ; ou bien par le fils aîné, ou par un autre parent, même par un ami. Les fils et frères cadets présentent chacun séparément de la viande rotie comme à la seconde oblation.

Puis on engage l'esprit à manger. Le

1. Les rédacteurs du livre veulent prouver que le vin doit être répandu sur des herbes par les gens inférieurs, que les rois et princes seuls peuvent le répandre à terre, et qu'en suivant cette dernière pratique on a changé les rites, ce qui n'est jamais licite en soi.

Tchou s'avance portant un vase et verse du vin à tous les sièges des esprits [1].

La Tchou s'avance tenant droits les bâtonnets, puis se retourne, se prosterne et se retire.

On ouvre alors la porte. Tous les assistants sortent, les prieurs ferment la porte. S'il n'y a point de porte, il faut y substituer un rideau. Les prieurs disent trois fois (à l'esprit) « reçois et prends », puis l'on ouvre la porte [2],

---

1. Ce sacrifice consistait à invoquer les Mânes à les supposer présentes puis à lever vers elles, c'est-à-dire au dessus de la table, les plats et verres.

2. Nul autre que les hommes de la prière ne doivent assister à la descente des esprits.

Voici sur les sacrifices quelques détails empruntés à différents auteurs.

Il ne s'agit, naturellement, dans notre livre que du sacrifice offert par les particuliers, chez eux. Le souverain, les chefs féodaux, les gouverneurs, préfets en avaient d'autres pour leurs états, ou la région qu'ils gouvernaient.

Le roi jadis avait sept autels et sept sacrifices; les princes féodaux, cinq; les grands officiers trois ou deux selon leur rang; les mandarins inférieurs et le commun du vulgaire n'avaient qu'un autel et qu'un seul genre de sacrifice. Toutefois, quelques-uns (hvok) en élevaient un à la porte, et un autre près du foyer. Mais ce tous rentrent. Les deux Tchous prennent le thé et le présente séparément au grand-père et à la grand-mère ; puis en font présenter également par tous les fils et frères, sœurs et filles qu'ils font venir.

De la viande offerte.

96. Les employés posent une natte devant la table à encens. Le sacrifiant s'a-

n'était pas un usage général. Liki XX, 7, c. Du reste ce livre a un caractère tout exceptionnel, car au ⸹ 8 il est dit que les gens sans fonction ne sacrifiaient que pour un fils mort avant l'âge de puberté, et que les seuls pour lesquels on sacrifiât étaient certains grands hommes cités au ⸹ 8.

La salle ou le temple des ancêtres dans lequel se faisaient les sacrifices dont parle notre dernier chapitre, ne renfermait guère qu'une table portant des gradins sur lesquels on posait les tablettes des ancêtres ; l'ancêtre originaire était en tête dans une plus grande niche et les six autres, plus rapprochés du sacrifiant. Les autres tablettes sont déposées dans un cabinet ou une armoire à l'ouest, et à chaque mort nouvelle, le plus éloigné des six cède sa place au nouvel arrivé. Toutes, du reste, sont en dehors des sacrifices, déposées dans des chasses, écrins, armoires.

Le sacrifice est offert par le chef de la famille, aidé de son épouse. Ils sont assistés par les autres membres, hommes et femmes. Celles-ci apprêtent tout, nettoient les vases et ustensiles,

vance sur la natte et se retourne vers le nord. Les prieurs s'avancent vis-à-vis de l'arrière-grand'père, prennent le verre et la soucoupe de vin et vont à la droite du Tchou. Celui-ci s'agenouille et les prieurs en font autant ; puis le premier prenant une coupe, verse du vin à chaque trône d'esprit, et en goûte. Les prieurs prennent une cuiller et une soucoupe,

préparent les grains, fruits et viandes ; présentent les objets au sacrifiant, etc.

On a vu plus haut les principaux détails des cérémonies, les prosternations, l'appel de l'esprit, les oblations, les prières, etc. On posait sur la table des plats, des coupes, des tasses, des corbeilles. Jadis le seul liquide offert était de l'eau ; depuis on y ajouta du vin et du thé. Quant au reste, la fortune du sacrifiant déterminait la nature et la quantité des offrandes ; des viandes fraîches et cuites, séchées, salées, hachées, conservées au vinaigre, des poissons, des gâteaux, des légumes divers, des fruits, du riz, du grain, des oignons, etc., etc. On présentait aussi des objets précieux, des étoffes de soie, des perles et pierres précieuses, de l'or, etc. Après avoir offert le tout aux ancêtres, à chacun séparément selon le cas, et attendu qu'ils en aient respiré les odeurs agréables, on reprenait les mets et les distribuait comme il a été dit. On se retirait alors dans un silence religieux.

Ajoutons, qu'avant tout, on pose des réchauds sur la table, on y met de l'encens et l'allume ; par-dessous on pose des herbes et du sable au milieu du temple *Sin-Ts'eng K. L.*, VIII, f° 4, s.

et devant chaque trône jettent un peu de riz en l'air (en guise d'offrande), puis viennent à la gauche du Tchou, et lui souhaitent prospérité. Celui-ci pose le vin devant la natte, s'agenouille et se relève, se prosterne encore, prend du riz, à genoux et le goute, puis un peu de vin ; s'agenouille encore, se relève et va se tenir debout, à l'est, sur la marche. Les prieurs se tiennent du côté de l'ouest.

On annonce la fin de ces cérémonies, alors ils retournent à leur place et s'y prosternent de nouveau avec tous les assistants.

97. *On dit alors adieu à l'esprit,* et tous, y compris Tchou, se prosternent.

On rapporte le trône de l'esprit, on reprend tous les objets. — Le président partage les offrandes et envoie les viandes des oblations aux parents et amis ; on les range sur deux rangs, les hommes d'un côté, les femmes de l'autre ; les employés vont porter les parts à chacun à sa place. On présente le vin aux personnes âgées et honorables qui s'avancent, s'agenouillent et boivent. Les fils s'avancent, saluent, se retirent et boivent debout ; les gens honorables et les hommes se prosternent encore. Les femmes vont porter du vin aux femmes âgées et plus élevées en rang, dans le quartier intérieur, avec toutes les mêmes cérémonies. Après cela, tous s'asseïent, et on leur sert la viande avec les légumes ; chacun en prend à son tour. Puis, quand c'est presque fini, le Tchou va porter de la viande du sacrifice aux serviteurs qui sont au dehors, aux hommes ; et la Tchou en fait autant pour les servantes du dedans. Grands et petits, tous, ce jour-là, sont satisfaits et rassasiés. Tous, après avoir mangé se prosternent une dernière fois.

98. En tout sacrifice la chose essentielle est de l'offrir avec amour et respect. Si l'on est pauvre on peut tenir compte de ce dont on manque. Si l'on est malade on agit selon la mesure de ses forces. Si l'on est riche et fort, on doit suivre exactement les règles.

§ 2. SACRIFICE AU PREMIER ANCÊTRE

99. Ce sacrifice ne peut-être fait que par un fils aîné, héritier direct de cet ancêtre.

Le jour du solstice d'hiver est celui du sacrifice au premier ancêtre.

Trois jours auparavant on se purifie et jeûne ; la veille on consacre le trône de l'esprit, on prépare les ustensiles et offrandes.

Le jour même on se lève de bonne heure, on présente légumes et fruits, vins et mets. Le jour venu on revêt ses beaux habits et l'on va au lieu de la cérémonie. On invoque et fait descendre l'esprit, on le salue et lui présente les aliments. On fait ainsi les trois oblations successives et on l'engage à manger. On ferme, puis ouvre la porte, on reprend les viandes offertes et l'on dit adieu à l'esprit, on ramasse tous les objets et l'on donne les mets à manger. Le tout comme aux sacrifices des saisons. Ce sacrifice était inconnu des anciens, c'est le docteur Tcheng-y-tchouen qui a inauguré ces rites.

§ 3. — SACRIFICE AUX AÏEUX

100. Il a lieu au commencement du printemps.

On entend par aïeux (*tsou*), tous les ancêtres depuis le fondateur de la famille jusqu'au trisaïeul.

Trois jours auparavant on se purifie et jeûne; la veille on prépare le piédestal, on apprête les ustensiles et les oblations. Le jour même on se lève de bon matin, on présente les légumes, fruits, vins et grains. Quand le jour est en son plein on prend les habits de cérémonie, on s'approche du siège préparé pour les esprits, on les fait descendre, on leur présente les oblations, on les engage à manger. On fait les trois oblations, présente les aliments, ouvre et ferme la porte. On prend la viande; on fait ses adieux aux esprits; on emporte les aliments présentés. Le

tout comme au sacrifice au premier ancêtre.

§ 4. — SACRIFICE AUX PARENTS RÉCEMMENT DÉCÉDÉS

101. Tous les parents du même nom
reçoivent ce sacrifice, mais pas les descendants.

Les pères et grand-pères, etc., ne le
font pas pour leurs descendants défunts.

Le dernier mois de l'automne pendant
la dernière décade, on consulte le sort
pour le choix du jour. Trois jours avant
celui que le sort a désigné, on se purifie
et jeûne, on prépare les ustensiles, les
oblations et le siège de l'esprit. On se lève
tôt pour tout mettre en son lieu, on prend
les habits de cérémonies et se rend au
temple ; on y prend la tablette et la porte
dans l'appartement du Sud-Ouest. On
vénère l'esprit, on le fait descendre, on
lui présente les aliments, on fait tout
comme au sacrifice précédent.

Autrefois, dit Tchou-hi, outre les sacrifices des saisons, j'en faisais au solstice d'hiver, au commencement du printemps et le dernier mois de l'automne. Après cela il ne fit plus les deux premiers, parce qu'il apprit depuis que ce n'était pas conforme au principe et cessa cette manière d'agir.

Il ne fit plus que celui du dernier mois de l'automne et y ajouta un sacrifice fait le jour de sa propre naissance.

§ 5. — JOUR ANNIVERSAIRE DE LA MORT

102. La veille on se purifie et jeûne ; on consacre le siège de l'esprit et prépare tous les objets nécessaires. Le jour même on se lève tôt et prépare les légumes, fruits et grains. Le jour venu, on change d'habits et met une robe de soie blanche avec le bonnet bleu-noirâtre.

On va au temple, on prend le siège de l'esprit et l'on va le déposer dans l'appartement du Sud-Ouest où l'on fait les révérences à l'esprit, on le fait descendre, on présente les mets et les trois oblations successives, on l'engage à manger ; on ferme puis ouvre la porte, on prend congé de l'esprit et l'on reporte son trône en son lieu, ainsi que tous les autres objets. (Le tout comme au sacrifice pour un père).

Ce jour-là on ne boit pas de vin, on ne mange pas de viande, on ne fait pas de musique. On porte un bonnet noir, un habit et une ceinture simples. Le soir on se couche hors de ses appartements ordinaires.

§ 6. — SACRIFICE PRÈS DU TOMBEAU

Pendant les dix premiers jours du troisième mois on choisit le jour convenable. La veille on se purifie et jeûne comme d'ordinaire.

On prépare les offrandes, on balaie et prend la poussière. On étend une natte et l'on y range les offrandes. On fait les révérences voulues à l'esprit, on le fait descendre et l'on procède aux trois offrandes. La première se fait comme au sacrifice domestique ; à la troisième les fils, frères, parents et amis y prennent également part. On prend ensuite congé de l'esprit, on ramasse tous les ustensiles et objets et l'on sacrifie au génie protecteur du lieu. Pour cela, on étend une natte et répète toutes les cérémonies précédentes; après quoi l'on se retire.

Les rites réguliers du sacrifice, ne comprenaient point celui que l'on fait près des tombeaux. Aussi Tchou-hi disait qu'il craignait de le faire et spécialement celui au génie du lieu où le cimetière se trouve.

Ce dernier usage dit un autre ouvrage est insensé. Les anciens princes enterraient les morts dans les forêts ou sur les montagnes, comment eut-il été possible de faire des oblations au génie de la terre?

Si maintenant on pense devoir assurer le repos de ses parents et honorer les esprits en offrant, au sacrifice du cimetière, des fruits et légumes, des poissons et de la viande, du riz et du thé, ainsi que du bouillon ou de la sauce de viande, sur des plats séparés, on le peut; mais on ne doit faire ni plus ni moins.

I. TABLEAUX DES CINQ ESPÈCES DE DEUIL DANS UNE MÈME FAMILLE [1]

Le petit-fils chef de famille, orphelin de père, porte pour son grand-père, son bisaïeul et son trisaïeul, le deuil de trois ans avec habits grossiers non ourlés.

Pour grand-mère, bisaïeule et trisaïeule il porte trois ans les habits ourlés.

Les enfants et petits enfants d'un fils en deuil de ses parents portent pour tous les cas le deuil du degré inférieur. Pour père et mère ils portent les habits du deuil

1. Plusieurs de ces tableaux sont reproduits au *Sin ts'eng Kia-li*, VI 14 à 18. Nous y avons d'abord celui des habillements de deuil réglé par la dynastie actuelle, Ta ts'ing :

1° *Tchen*. Habits coupés, 3 ans, étoffe de coton en chanvre le plus grossier ; bord non ourlé ;

2° *Tsi*. Habits ourlés, 1 an avec bâton, 1 an sans bâton ; 5 mois ; trois mois ; étoffe moins grossière, bord ourlé ;

3° *Ta-Kong*. 9 mois, étoffe peu fine mais bien tissée ;

4° *Siao-Kong*. 5 mois, étoffe plus fine, bien tissée, lustrée ;

5° *Ssi-ma*. 3 mois, étoffe de soie commune bien tissée.

d'un an, sans bâton; mais ils portent le deuil en leur cœur pendant 3 ans entiers.

Les père et mère portent pour eux le deuil d'un an san bâton.

. . . .

Le 3e tableau est celui du deuil des épouses secondaires pour leur époux, chef de la maison.

III. TABLEAU DU DEUIL DES ÉPOUSES SECONDAIRES

PÈRE ET MÈRE DU CHEF DE FAMILLE

Ts'i Tchong (1) 1 an.

ÉPOUSE PRINCIPALE	CHEF DE FAMILLE
Ts'i Tchong 1 an.	*Tchen-Tchong* (2) 3 ans.

FILS DE L'ÉPOUSE SECONDAIRE	FILS AÎNÉ DU CHEF DE FAMILLE	AUTRES FILS
Ts'i-Tchong 1 an	*Ts'i-Tch.* 1 an	*Ts'i-Tchong* 1 an.

1. Habits ourlés.
2. Habits non ourlés Cp. Y-li II K. 4 fo 20 ss.

IV. TABLEAU DES DEUILS POUR PARENTS DU SEXE MASCULIN

ET LES PARENTES ALLIÉES

TRISAÏEUL
3 mois, habits ourlés.

BISAÏEUL
5 mois
h. o.

ARRIÈRE-GRAND-ONCLE
ET TANTE
3 mois.

GRAND-PÈRE
1 an
h. o. sans bâton.

GRAND-ONCLE ET
GRAND'TANTE
5 mois.

PÈRE
3 ans, habits non o.

ONCLES ET TANTES
1 an sans bâton.

BELLE-SŒUR   FRÈRES
9 mois.   1 an sans bâton.   **X**

LEURS ÉPOUSES — FILS DE FRÈRE   FILS AÎNÉ   CADETS   COUSINS-GERMAINS
9 mois.   1 an sans bâton.   3 ans.   1 an.   9 mois.

SON ÉPOUSE — PETIT-FILS DE FRÈRE   PETIT-FILS   POUR LEURS ÉPOUSES
3 mois.   5 mois.   *aîné*   *cadets*   pas de deuil.
                                           1 an s. bâton.   9 mois.

SON ÉPOUSE — ARRIÈRE-PETIT-FILS   ARRIÈRE-PETIT-FILS
3 mois.   3 mois.   3 mois.

SON ÉPOUSE — ARRIÈRE-ARRIÈRE-PETIT-   ARRIÈRE-ARRIÈRE-PETIT-
pas de deuil.   NEVEU   FILS
                       3 mois.   3 mois.

V. TABLEAU DES DEUILS POUR PARENTES

TRISAIEULE h. o. sans bâton 3 mois.				
BISAIEULE h. o. sans bâton 5 mois.	ARRIÈRE GRAND'TANTE 3 mois, (mar. pas de deuil).			
GRAND'MÈRE h. o. sans bâton 1 an.	GRAND'TANTE sœurde grand-père 5 mois (mar. pas de deuil).	COUSINE-GERMAINE DE GRAND-PÈRE 3 mois (mar. pas de deuil).		
MÈRE h. o. sans bâton 3 ans.	SŒUR DU PÈRE 1 an avec bâton, (mariée, 9 mois).	COUSINE-GERMAINE DE PÈRE (1). 5 mois, (mariée, 3 mois).	FILLE DE COUSINE DE PÈRE 3 m.(mar. pas de d.)	
ÉPOUSE 3 ans, h. o., bâton. Du vivant de père et mère, pas de bâton.	SŒUR 1 an sans bâton, (sœur mariée, 9 mois).	COUSINE-GERMAINE 9 mois, (mariée, 5 mois).	FILLE DE COUSINE- GERMAINE 5 mois, (mariée 3 mois).	PETITE FILLE DE COUSINE GERMAINE 3 mois, (mar. pas de deuil).
BRU aînée, 1 an, autre, 9 mois.	NIÈCE (de frère) 5 mois, (mariée 3 mois).	COUSINE SOUS-GERMAINE 5 mois (mariée, 3 mois).	FILLE DE COUSIN- GERMAIN 5 mois, (mar.pas de deuil).	
PETITE-BRU aînée, 9 mois, autre, 3 mois.	PETITE-NIÈCE, *id.* 3 mois, (mar. pas de deuil).	FILLE DE COUSIN GERMAIN 3 m.(mar. pas de d.)		

(1) Une jeune fille, *Ku* est fille de sœur. Demeurant à la maison son deuil est identique à celui des garçons. Mariée et répudiée elle est comme veuve sans enfant. Pour ses frères et sœurs, ses neveux et nièces elle porte le deuil d'un an sans bâton.

N. Toute fille mariée en deuil de ses parents, prend un degré de deuil inférieur, excepté pour son grand-père, ses bisaïeul et trisaïeul. Pour un frère qui est héritier de ses père et mère, elle ne diminue pas ; pour la femme d'un neveu, elle ne le fait pas non plus.

VI. DEUIL PAR SUITE D'UN SECOND MARIAGE

A. Pères. — I. *Parâtre.*

1° Demeurant ensemble. Le père et le beau-fils qui n'ont pas un deuil supérieur au Ta-kong (deuil de 9 mois), portent le deuil 1 an sans bâton ;

2° Demeurant séparés. Ce terme désigne le cas ou lors du second mariage de la mère, le fils de celle-ci l'a suivie et a d'abord habité avec son parâtre, puis est allé habiter ailleurs. — Si même il demeure avec son parâtre, que celui-ci ait des enfants, et que le fils en question ait un deuil supérieur au ta-kong, il ne porte que celui de 3 mois avec habits ourlés ;

3º Si dès le second mariage de sa mère, il demeurait séparé, il ne porte point le deuil ;

4º Pour les fils et filles de sa mère et d'un parâtre on porte le Siao-kong ou deuil de 3 mois.

B. MÈRES. — I. *Épouse principale.*

Le fils d'une femme secondaire donne a l'épouse principale de son père le nom de : *mère* et porte le deuil de 3 ans avec habits ourlés. — Les femmes secondaires portent le même deuil pour le fils héritier. — Leurs enfants portent pour celui-ci le deuil d'un an sans bâton. — Pour les père et mère, frères et sœurs du père commun, ils portent 5 mois. — Si leur mère est morte, ils ne portent pas le deuil.

IIᵉ. *Marâtre.*

C'est la seconde épouse principale d'un père (après la mort de la première).

Les enfants de la première portent pour

celle-ci le deuil de 3 ans, avec habits ourlés.

La marâtre porte le même deuil pour le fils aîné.

Pour les enfants d'une épouse secondaire, elle le porte un an sans bâton.

Une marâtre divorcée ne porte point le deuil pour les parents de son époux divorcé.

Si le père est mort et que la marâtre se remarie et s'en va, on porte pour elle, le deuil d'un an sans bâton.

Elle-même porte celui d'un an sans bâton.

III. *Épouse secondaire.*

On appelle ainsi l'épouse secondaire ou concubine qui a des fils.

Les fils d'autres épouses secondaires portent pour elle trois mois.

Les fils secondaires d'un Shi portent pour leur mère trois ans avec habits ourlés. Pour les descendants héritiers ils portent le deuil du degré inférieur à celui qu'ils devraient porter s'ils étaient enfants principaux.

Si leur père a des héritiers, ils ne portent pour leur propre mère que trois mois ; pour les père, mère, frères et sœurs de leur mère, ils ne portent aucun deuil.

Les enfants d'un fils secondaire pour la mère de leur père, portent un an sans bâton ; pour les descendants des grands parents de leur père, ils ne portent point le deuil.

Une épouse secondaire qui a des enfants à elle, pour les enfants secondaires du souverain, porte un an avec habits ourlés et sans bâton.

Pour le fils aîné du souverain, c'est trois ans, h. o.

Pour le souverain, les épouses secondaires portent le deuil de 3 trois ans à habits non ourlés.

Pour la souveraine, un an sans bâton.

Pour une épouse secondaire qui par affection et dès le bas âge l'a allaité et nourri, le deuil est de 5 mois.

IV. *Mère d'affection.*

C'est celle qui, après la mort d'une mère secondaire et n'ayant pas d'enfant, a été chargée par le père de s'occuper d'un fils secondaire de cette femme ; ce fils porte pour elle comme pour sa mère propre, 3 ans avec habits ourlés.

Si elle l'a fait sans en être chargée, ce n'est qu'un deuil de 5 mois.

V. *Mère de lait.*

C'est celle qui a allaité un enfant. Le deuil est de trois mois.

VI. *Mère nourricière.*

C'est celle qui a recueilli un enfant abandonné avant l'âge de 3 ans et l'a élevé chez elle. Même deuil.

VII. *Mère répudiée.*

Pour une mère répudiée le deuil descend d'un degré; c'est un an avec bâton.

Si elle avait un enfant c'est d'un an sans bâton.

Si elle a un fils succédant à son père on ne porte pas le deuil pour elle.

Si elle a une fille mariée le deuil est de 9 mois et la mère répudiée, porte le même deuil pour cette fille.

VIII. *Mère remariée.*

Pour une mère veuve et remariée, deuil d'un an sans bâton, pour ses enfants.

Une fille mariée de cette veuve, le portera 9 mois et la mère en fera autant pour sa fille.

Le fils héritier successeur de son père ne porte pas ce deuil.

Le fils du premier époux qui suit sa mère remariée, porte pour elle le deuil d'un an sans le bâton.

VII. PARENTÉ FÉMININE
Deuil.

<table>
<tr><td></td><td>AÏEUX DE L'ÉPOUSE
3 mois.
Pour l'épouse 5 m.</td><td></td></tr>
<tr><td>SŒURS DE MÈRE
5 mois.</td><td>BEAUX-PARENTS
3 mois.</td><td>ONCLES
FRÈRES DE MÈRE
5 mois.</td></tr>
<tr><td>SŒURS
DE L'ÉPOUSE
3 mois.</td><td>X</td><td>ONCLES
DE L'ÉPOUSE
3 mois.</td></tr>
<tr><td>ENFANT
DE CES SŒURS
3 mois.</td><td></td><td>ENFANT D'ONCLE ET
TANTE *par alliance*
3 mois.</td></tr>
<tr><td>FILLES
DE BELLE-SŒUR
5 mois.</td><td>GENDRE
3 m.</td><td>FILS
ET BRU DE SŒUR
5 mois.   3 mois.</td></tr>
<tr><td></td><td>FILS DE FILLE
3 m.</td><td></td></tr>
</table>

VIII. DEUIL DE LA FEMME POUR LES PARENTS DE SON MARI

Quand le mari a un descendant héritier, l'épouse porte pour ses propres oncles et tantes, un deuil de 9 mois.

La femme porte pour les aïeuls, bisaïeuls et trisaïeuls des deux sexes de son mari, le même deuil que celui-ci.

DEUIL DE LA FEMME POUR LES PARENTS DE SON MARI

TRISAÏEUL
3 mois.

BISAÏEUL
3 mois.

AÏEUL ET AÏEULE
9 mois.

SŒUR DE LA GRAND'-MÈRE DU MARI
3 mois.

BEAU-PÈRE
3 ans
h. coupés.

BELLE-MÈRE
3 ans
hab. ourlés.

GRAND-ONCLE ET TANTE DU MARI
3 mois.

COUSINE-GERM. DU BEAU-PÈRE
3 mois.

TANTE DU MARI
5 mois.

MARI
3 ans, habits coupés.

ONCLE DU MARI
9 mois.

COUSIN-GERMAIN DU BEAU-PÈRE
3 mois
(sa femme, *id.*).

COUSINE-GERM DU MARI
3 mois.

SŒURS DU MARI
5 mois.

FILS AÎNÉ
3 ans, h. o.

CADETS
1 an, bâton.

FRÈRES ET BELLES-SŒURS
5 mois.

COUSIN-GERMAIN DU MARI
3 mois.

NIÈCE DU MARI
1 an
(mariée 3 mois).

BRU AÎNÉE
1 an, bât.

AUTRES BRUS
9 mois.

FILS et BRU DU FRÈRE
1 an   9 mois.

COUSINE-SOUS-GERMAINE
5 mois.

PETIT-FILS, LEURS FEMMES
9 mois.   3 mois.

PETIT-FILS DE FRÈRE
9 mois, BRU 3 m.

FILS
5 mois.

BRU
3 mois.

PETITE-NIÈCE
5 mois
(mariée 3 mois).

ARRIÈRE-PETIT-FILS
3 mois.

ARRIÈRE-PETIT-FILS DE FRÈRE
3 mois.

COUSIN au 3ᵉ deg.
3 mois.

COUSINE-SOUS-'SOUS-GERMAINE
3 mois.

ARR.-PETITE-NIÈCE
3 mois
(mariée pas de d.).

ARR.-ARRIÈRE-PETIT-FILS
3 mois.

à un degré plus bas, 3 mois.

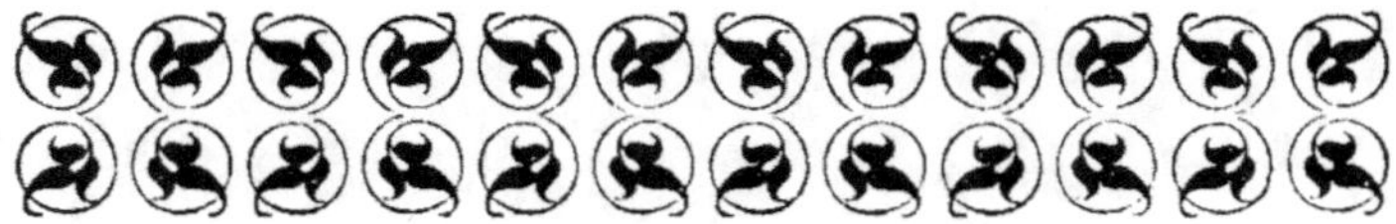

TABLE DES MATIÈRES

www.ingramcontent.com/pod-product-compliance
Lightning Source LLC
LaVergne TN
LVHW020626200726
843508LV00002B/538